Sarah Hertz

Mehr Energie, mehr Wunder

IMPRESSUM

1. Auflage

Coverdesign: BookDesigns unter Verwendung eines Bildes von
@ Vegorus & VeronikaBy, stock.adobe.com
Buchlayout: BookDesigns, www.bookdesigns.de
Herausgeber: Frank Havera LLC | 30 N Gould St Ste R | Sheridan |
WY, 82801 | USA, www.frankhavera.com
Vertrieb: Amazon KDP Publishing

ISBN Taschenbuch: 9798428256529

Sarah Hertz

MEHR Energie MEHR Wunder...

Spirituelle Alchemie &

Manifestieren nach dem Gesetz der Resonanz

Inhalt

Einleitung

Manifestieren ist eine Kunst, wie du sicherlich schon bemerkt hast. Es gibt zahlreiche Methoden, Anleitungen und jede Menge Übungen, mit viel Theorie und viel Praxis. Aber es muss gar nicht so kompliziert sein! Es wird automatisch leichter, wenn dir bewusst wird, worauf es beim Manifestieren ankommt. Es ist unser Energielevel, das einen enormen Einfluss darauf hat, ob wir Wunder manifestieren, die wir uns wünschen oder ob es nicht so funktioniert, wie wir es gerne hätten. Je mehr Energie deine Intention bekommt, desto schneller kann sie sich manifestieren. Doch, was bedeutet eigentlich mehr Energie? Diese Frage wird in diesem Büchlein beantwortet. Ich lade dich auf eine kleine Reise in die Welt der Energien ein, um zu lernen, wie du Energie in deinem Energiefeld transformieren kannst, damit sich mehr Wunder in deinem Leben manifestieren.

Wer sich einmal auf den Weg der spirituellen (energetischen) Alchemie begeben hat, merkt schnell, dass es kein Zurück mehr gibt. Das Leben fließt für uns alle in Wellen. Auf jedes Hoch folgt ein Tief. Aber es kommt auf uns an, ob wir auf diesen Wellen surfen oder tief unter ihnen hindurch tauchen, wo sie uns vielleicht gar nicht weiter tangieren.

Auch in meinem Leben gab es Momente, in denen ich gezweifelt habe, ob das mit dem Manifestieren alles so funktioniert. Es gab immer wieder Tests oder Initiationen vom Universum, die von mir verlangt haben, die Kontrolle abzugeben. Und glaube mir, ich bin liebend gern ein kleiner Kontrollfreak und habe die Dinge am liebsten selbst in der Hand! Deshalb macht mir auch das Manifestieren so viel Spaß: Es gibt mir eine wundervolle Kontrolle über mein Leben. Wer einmal gelernt hat, mit der Energie zu spielen, kommt schnell in das Gefühl, Macht und alle Fäden selbst in der Hand zu haben. Dennoch hat unser höheres Selbst manchmal einen ganz anderen Plan für uns und dann liegt es nicht an unserer Manifestationsfähigkeit, sondern an unserer Frequenz, dass manche Dinge nicht den gewünschten Weg nehmen. Manchmal läuft es anders, weil wir noch etwas lernen dürfen auf unserem Seelenweg oder weil unser Wunsch aus höherer Sicht vielleicht gar nicht das Richtige war. In solchen Situationen fühlte ich mich oft machtlos und hier haben mir meine Spirit Guides mit Downloads immer den Weg gezeigt, wie ich – einen Schritt nach dem anderen – in eine höhere Energiefrequenz komme, damit sich solche ungewollten Situationen auflösen. Das hat mir immer sehr geholfen, mich auf den gegenwärtigen Moment zu konzentrieren und meine Schwingungsfrequenz nicht durch den Gedanken an eine ungewisse Zukunft zu sabotieren. Das **tägliche Energie-Management** ist ein wichtiger Faktor beim Manifestieren. Wenn du mehr Energie hast, kommen auch mehr Wunder in dein Leben. So einfach ist es.

Erinnerst du dich an meine Formel „Energie + Intention = Manifestation"? Mit ihr hast du in meinem ersten Buch *„Das*

Universum liefert immer zweimal" gelernt, wie du an der Energie drehen kannst, damit sich deine Wünsche schneller manifestieren.[1] Aber neben dem Gesetz der Anziehung gibt es noch eine weitere Spielregel, die oft übersehen wird: das Gesetz der Schwingung. Wenn deine aktuelle Frequenz nicht mit deinem Wunsch kompatibel ist, den du manifestieren möchtest, kannst du noch so viel Energie ziehen oder Ziele visualisieren – es wird nicht klappen. Wir haben schon eine recht große Toolbox mit spirituellen Abkürzungen in meinem ersten Buch gemeinsam ausprobiert. In vielen Situationen genügt und funktioniert das bereits. Aber in diesem neuen Buch möchte ich dich noch tiefer mitnehmen in die spirituelle Feinarbeit, damit sich das Spiel des Lebens in Zukunft leichter spielen lässt.

Wenn du jetzt denkst, dies wird ein „positives Denken"-Buch, um immer auf der Happy-Frequenz zu surfen und dadurch wundersamste Träume zu manifestieren, die täglich vom Himmel fallen und als Glücksmomente wie das prächtigste Feuerwerk in deinem Leben explodieren, dann bist du auf dem Holzweg. Es steckt so viel mehr dahinter. Triggert dich das manchmal, wenn du Ratschläge liest wie „Sei Licht und Liebe und sei glücklich im Moment!"? Manchmal ist sowas echt unbrauchbar im Alltag, oder? Es ist doch ganz logisch, dass wir nicht immer gut drauf sein können, und das sollten wir auch nicht wollen. Besser wäre, dass wir lernen zu erkennen, wenn uns etwas triggert und wie wir diesen Trigger auflösen können, damit er nicht nächste Woche schon wieder zur Tür hereinspaziert und unangenehme Situationen mitbringt. Gefühle wirklich zu fühlen, sie zuzulassen, ist dabei ein wichtiger Schritt – auch die unangenehmen, die wir tief unter unserer Leber oder sogar im linken Zeh versteckt haben. Ja, unser Körper merkt sich und speichert alles! Durch eingeschlossene Emotionen entstehen oft Krankheiten. Viele Dinge in diesem Buch hast du vielleicht schon auf deiner spirituellen Reise gehört. Manchmal macht es jedoch erst Klick, wenn man etwas anders hört. Wir müssen es von jemand anderem hören, auf eine andere Art und Weise oder mit anderen Worten, kurz mit einem anderen *Flavor*, damit wir es integrieren können. Mir hilft es immer, wenn ich etwas gemeinsam mit anderen lerne oder mich jemand begleitet. Deswegen freue ich mich darauf, wenn ich dich in diesem Buch ein Stück auf deiner spirituellen Reise begleiten darf und dir zeigen kann, was für mich funktioniert hat und was mehr Wunder in mein Leben gebracht hat.

Vielleicht kennst du das Buch „*Der Alchimist*“, in dem ein Hirte einem Traum folgt, auf eine lange Reise geht und auf dieser Reise sich selbst und seine Bestimmung findet.[2] Er lernt, dass alles immer so geschieht, wie es für ihn am besten ist. Sein Weg ist gepflastert von vielen spirituellen Erfahrungen in der Stille der Wüste oder der Reflektion wertvoller Lektionen.

Unser gesamtes Leben ist eben diese Reise. Wir lernen durch Lektionen und wachsen an ihnen. Letztlich streben wir alle nach zwei Dingen: Zum einen möchte jeder seine Bedürfnisse stillen, die von Mensch zu Mensch unterschiedlich sein dürfen. Zum zweiten möchte jeder Mensch bestimmte Gefühle fühlen. Wir möchten glücklich sein, wir möchten gesund sein, wir möchten frei sein. Um diese Dinge zu erreichen, schrauben wir gerne an unserer Realität. Bei der klassischen Alchemie geht es darum, materielle Substanzen zu vermischen, zu erhitzen oder abkühlen zu lassen, um sie in etwas Edleres zu verwandeln. Aus einfachen

Metallen und anderen Materialien sollte z.B. Gold gemacht werden. In diesem Buch lernen wir sozusagen die Kunst der spirituellen Alchemie. Wir lernen, die Energie, die allem zugrunde liegt, zu ändern und damit unsere materielle Welt zu transformieren. Wir lernen, wie wir unsere Schwingungsfrequenz ändern können, um zum Beispiel einen Zustand der Traurigkeit wieder in Freude zu verwandeln. Oder eine Krankheit, die in einem Trauma entstand, zu heilen. Das machen wir, indem wir in die entsprechende Frequenz gehen, die dem Körper hilft, sich selbst zu heilen. Es betrifft jedoch nicht nur die Frequenzen von dir selbst, sondern auch von deinem Umfeld und der ganzen Welt.

In den heutigen Zeiten können wir die spirituelle Alchemie erst Recht gut gebrauchen. Vielleicht hast du schon einmal davon gehört, dass sich die Erde in einem Stadium der Transformation befindet. Wir, ihre Bewohner, kommen Stück für Stück von einer niedrigeren Bewusstseinsstufe und Frequenz in eine höhere. Von einem alltäglichen, weltlichen 3D-Bewusstsein in ein höheres 5D-Bewusstsein, das von reiner Liebe und Offenheit geleitet wird.[3] Wir erkennen zum Beispiel, dass wir nicht mehr so viel Schaden anrichten dürfen in der Umwelt und dass das ständige Wachstum – von Kapitalismus, Angst und Machtgier getrieben – auf diese Art keinen Bestand haben kann. Viele besinnen sich in der jetzigen Zeit wieder auf andere Werte, verteilen Liebe und Akzeptanz in der Welt und erkennen ihre spirituelle Seite. Wenn du mit diesem Buch lernst, deine Frequenz zu erhöhen und dein Selbst zu „vergolden", dann wirst du ein Teil dieser Evolution. Und jeder, der mitmacht und sein Licht mit scheinen lässt, hilft, dass es noch besser wird, wenn wir diesen derzeitigen Prozess der Reinigung auf der Erde überstanden haben. Viele Propheten haben diese Zeit vorhergesagt, aber sie sagen auch, dass nach diesem Durchrütteln ein neues wunderbares Zeitalter beginnt. Veränderung im Kleinen wie im Großen. Das ist nicht immer angenehm, aber mit den richtigen Tools darf es leichter sein. Aus diesem Grund gehe ich im ersten Kapitel dieses Buches auf die spirituellen Spielregeln ein. Schon allein, wenn wir uns an diese halten, können wir leichter durch die Stürme segeln. In Kapitel 2 möchte ich dich daran erinnern, wie wichtig Gedankenhygiene in dem gesamten Prozess ist und in Kapitel 3 widmen wir uns dann den Energiespielen und der spirituellen Alchemie. Zum Abschluss gibt es wieder eine 21-tägige Challenge, die dir hilft, das Gelernte umzusetzen und so am Ende der Reise auf einer höheren Frequenz durchs Leben zu surfen.

1.

Das Spiel des Lebens und wie man es spielt

Viele denken, das Leben sei ein Kampf. Sie kämpfen immer hart gegen das an, was sie nicht haben wollen und wundern sich, dass es immer wieder zu ihnen kommt. Dann fallen sie tiefer und tiefer in ein Loch und in die Opferrolle. Wir alle kennen diese Momente.

Viel mehr Spaß macht das Leben, wenn wir es als Spiel betrachten. Was es auch ist. Wie jedes gute Spiel kommt es mit ein paar Regeln daher, die uns beim Gewinnen helfen. Die schauen wir uns jetzt zusammen an. Das Wunderbare an ihnen ist: Wenn du sie alle kennst und im Alltag anwendest, erhöhst du schon allein dadurch deine Frequenz und erfährst mehr von den Wundern, die du dir wünschst.

Wir erinnern uns, beim Gesetz der Schwingung (Resonanz) geht es darum, dass ich die Dinge anziehe, die auf derselben Frequenz schwingen wie ich mit meinen Emotionen. Wenn ich also auf dem Level niedriger Emotionen wie Scham, Wut, Neid oder Angst schwinge und unfreundlich zu meinen Mitmenschen bin, werde ich dieselben unfreundlichen Reaktionen zurückbekommen, weil das Universum mir spiegelt: „Hey, aufpassen, hier gibt es ein Problem!“ Das ist wie, wenn dir im Körper etwas weh tut und dein Körper dir mit dem Schmerz sagen möchte, dass etwas nicht in Ordnung ist. So funktioniert es auch auf der spirituellen Ebene. Situationen, die weh tun, sind auch nichts anderes als ein Symptom dafür, dass energetisch etwas nicht im Gleichgewicht ist. Solange also diese Emotionen in meinem Energiefeld feststecken, ziehe ich immer neue Angst- oder Wutanfall-Situationen an, bis ich diese Emotion aufgelöst habe. Durch die Kunst der spirituellen Alchemie, lernst du, wie du sie auflöst und wieder auf eine Schwingung der Freundlichkeit und des Optimismus kommst. Auf dieser Ebene ziehe ich wieder mehr Freundlichkeit und Optimismus in mein Leben!

Schauen wir uns zuerst die grundlegenden Spielregeln[4] an, die das Leben leichter machen. Oder eben auch mal schwerer, falls sie nicht richtig eingesetzt werden:

1. Spielregel: Das Gesetz des Wohlstands

Viele Menschen wünschen sich mehr Geld oder materielle Dinge. Um dieses Thema ging es in meinem zweiten Buch *„Ein Geldwunder kommt selten allein“*. Den meisten Menschen ist das Gesetz des Wohlstands gar nicht bewusst. Diese Spielregel besagt, dass das Universum uns immer mit allem versorgt, was wir brauchen. Sowohl mit finanziellen Mitteln als auch mit Gegenständen. Wenn wir voll darauf vertrauen, geht es in Erfüllung und wir müssen nichts dafür tun, außer es aussprechen. Danach dürfen die Zweifel nicht wieder überhand nehmen, sonst erfüllt das Universum ja diese Zweifel. Aber grundsätzlich ist diese Spielregel einfach: Wir werden immer all das haben, was uns zusteht und darauf dürfen wir vertrauen. So besagt es das Gesetz des Wohlstands.

2. Spielregel: Die Macht des Wortes

Durch das, was ich sage, erschaffe ich meine eigenen Gesetze und Erfahrungen. Du kennst dieses Phänomen vielleicht unter dem modernen Begriff der (limitierenden) Glaubenssätze: Das, was ich über die Welt und vor allem über mich selbst denke und ausspreche, das wird auch so geschehen. Ich erschaffe meine Welt durch meine Wortwahl. Grundsätzlich manifestierst du aber nicht jedes Wort, sondern das, was dir seit der Kindheit tief im Unterbewusstsein einprogrammiert ist. Also achte einmal auf deine Wortwahl. Wie viele Redewendungen kennst du – und glaubst du? Wie sprichst und denkst du über andere Menschen? Was denkst und sprichst du über dich selbst aus?

Diese Spielregel des Universums besagt, wenn ich nur gute Dinge ausspreche und mir und anderen diese wünsche, dann werden auch nur gute Dinge geschehen. Bei schlechten ist es genauso. Unser Unterbewusstsein ist dann nämlich auf diese positiven oder negativen Glaubenssätze fixiert und sucht von selbst ihre Bestätigung. Wie heißt es so schön?„*Be careful what you wish for, cause you just might get it*“. Ein praktischer Tipp für diese Spielregel lautet, segne alles und jeden jederzeit.

3. Spielregel: Das Gesetz der Widerstandslosigkeit

Diese Spielregel ist am schwersten zu verinnerlichen, weil das Gesetz am unglaublichsten klingt. Es besagt, dass ich mich gegen nichts, was mir im Leben widerfährt, wehren sollte. Ich soll nicht zurückkämpfen, sondern die Dinge akzeptieren. Dann lösen sich Probleme von allein. Ein banales Beispiel ist

z. B. wenn wir uns als Kinder schlagen und einer schlägt nicht zurück, dann endet der Kampf. Zeigt der zweite keine Reaktion, verliert derjenige, der angefangen hat, irgendwann das Interesse.

Es geht bei der Widerstandslosigkeit also darum, etwas so zu akzeptieren, wie es ist. Dann ist die Situation nichts Schlechtes mehr, sondern sie *ist* einfach nur. Ein neutraler Zustand. Was du trotzdem tun kannst, ist, dir den Zustand vorzustellen, den du erreichen möchtest und immer wieder die Gewissheit aufrecht halten, dass es sich so verwirklichen wird. Wenn du zum Beispiel gesundheitliche Schwierigkeiten hast, ist der erste Schritt, die Tatsache zu akzeptieren, dass dein Körper Heilung benötigt. Aber sieh die Krankheit nicht als Feind, gegen die du kämpfen musst. Akzeptiere die Situation und suche von einem neutralen Zustand aus nach heilender Hilfe. Vertraue darauf, dass es dir schon sehr bald besser gehen wird (der Körper hat erstaunliche Regenerationsfähigkeiten) und unterstütze ihn durch deine Seele (Intuition) und deinen Geist (positive Gedanken).

4. Spielregel: Das Gesetz des Karmas

„Karma" kennen wir als Begriff eigentlich alle. Es kommt aus dem Altindischen (Sanskrit) und bedeutet, dass jede Tat eine direkte Folge bewirkt. Eine Aktion führt zu einer Reaktion auf jeglicher Ebene. Wenn wir etwas Negatives aussenden, kommt auch etwas Negatives zu uns zurück. Möchte ich dafür sorgen, dass jemand seinen Job verliert, werde vermutlich ich ihn verlieren oder anderweitig Probleme am Arbeitsplatz bekommen. Genauso funktioniert es mit gutem Karma: wenn ich viel für andere tue, werden sich auch schöne Dinge für mich ergeben.

Beim Gesetz des Karmas geht es genau darum. Ich sollte niemandem Schaden zufügen oder etwas wegnehmen, weil der Effekt wie ein Boomerang auf mich zurückfallen wird. Karma kann sich auch über Generationen hinwegziehen und du kannst z. B. das Karma in deinem Leben tragen, was eigentlich dein Opa verursacht hat. Erst neulich hat eine Dame in meinem Engel-Channeling-Kurs die Nachricht von den Engeln bekommen „Die Lösung für deine Probleme liegt auf dem Meeresgrund". Was niemand wusste war, dass ihr Großvater damals sein Schiff versenkt hat, um Geld von der Versicherung zu bekommen und dabei sind Menschen ums Leben gekommen. Das war das große Familiengeheimnis, was niemals ans Licht kommen durfte. Erst mit Hilfe der Engel und dem Auflösen dieser Karma-angelegenheit, lösten sich auch die Probleme in ihrem jetzigen Leben.

Wenn ich jetzt einen Fehler gemacht habe und sowohl mir als auch jemand anderem Schaden zugefügt habe, kann ich das **Gesetz der Vergebung** nutzen, um das Karma aufzulösen. Diese Spielregel könnte man im Spiel des Lebens als *Joker* sehen. Ich kann mir meines Fehlers bewusst werden, erkennen, dass ich etwas Schädliches gesäht habe, und beim Universum aufrichtig um Vergebung bitten. Ich bitte auch bei den Menschen, denen ich Unrecht getan habe mit der gleichen Aufrichtigkeit um Vergebung. Sie werden mir daraufhin nicht mehr das Leben schwer machen wollen. Das „miese Karma" löst sich auf.

5. Spielregel: Die Stimme der Intuition

Das ist eine ganz wundervolle Spielregel im Spiel des Lebens, die aber einiges an Mut bedarf. Und zwar darf und kann und sollte ich immer auf mein Bauchgefühl hören, auch wenn es noch so unlogisch erscheinen mag. Daraus ergeben sich oft die besten Ergebnisse. Es gibt immerhin einen Grund, warum wir dorthin geleitet werden von unseren Sinnen und unserem Unterbewusstsein. Lerne, der Stille in dir zu lauschen!

Es sind deine geistigen Helfer, die dir einen Wink mit dem Zaunpfahl geben möchten. Vor allem, nachdem du beim Universum um etwas gebeten hast, also deine Bestellung aufgegeben hast. Dann wirst du zum Postfach geleitet, wo sich das Geschenk befindet. Wenn du also manifestieren willst und auch unerwartete Wunder in dein Leben einladen möchtest, dann höre auf diese verrückten Eingebungen, die dir kommen! Sie sind es, die dir helfen werden. Lass dich dadurch auch zur Erfüllung von Wundern führen, die vielleicht nicht auf deinem Vision Board zu sehen sind, weil du bisher gar nichts von ihnen wusstest.

So ist es mir mal bei einer Veranstaltung ergangen, als ich eigentlich nach Hause wollte, aber irgendetwas hat mich nochmal zurück in die Halle gezogen und mir zugeflüstert, ich solle noch bleiben. Die Veranstalter waren eigentlich schon am Abbauen, aber ich habe ein bisschen mit angepackt und dabei die Frau kennengelernt, die mich kurze Zeit später meinem Mann vorstellen sollte. Eine wunderliche Erfahrung, die mir wieder gezeigt hat, wie wichtig es ist, immer auf seine Intuition zu hören.

6. Spielregel: Vollkommener Selbstausdruck

Jeder von uns kommt auf die Erde und hat einen Plan zu erfüllen. Ein Schicksal, das sich daraus ergibt, wer wir sind und was wir können und wollen. Es ist eine Mischung aus unserem bewussten Lebensplan und dem, was das Universum für uns vorgesehen hat, wenn wir uns dafür öffnen. Um dieses Schicksal zu erfüllen, musst du in jeder Minute dein authentisches Selbst sein. Tue nichts, was deinem Plan vom idealen Leben widerspricht, nur weil die Gesellschaft es so möchte. Wenn du dazu bestimmt bist, ein Künstler zu sein, erlaubt dir die sechste Spielregel, genau das zu tun. Dein Leben wird sogar um einiges besser und vor allem erfüllter verlaufen, als wenn du dich ständig verbiegst und dir gegenüber nicht ehrlich bist.

Wenn wir im vollkommenen Selbstausdruck sind, landen wir in diesem beflügelnden Flow, alles macht Spaß, nichts ist Arbeit. Sogar das morgendliche Aufstehen an einem Montag findest du toll. Vielleicht hast du es schon selbst gefühlt? Dann ist die Tätigkeit, die du machst, Teil deines Schicksals. Das Universum hat in solchen Momenten endlich die Chance – und ganz sicher auch seinen Spaß daran – durch uns die besten Werke zum Ausdruck zu bringen. So kommen uns auch die besten kreativen oder wissenschaftlichen Ideen.

In der Praxis sollte sich unser Selbstausdruck mit Gesundheit, Wohlstand und Liebe ausbalancieren. Folge immer der Freude! Das Leben läuft runder und leichter, wenn wir den Weg gehen, der für uns authentisch ist und nicht den, den andere von uns erwarten.

***

Wie du siehst, alle Spielregeln interagieren irgendwie miteinander. Sie fügen sich zusammen wie Dominosteine, wenn man ihre Augenzahlen nebeneinander legt. Und sie stoßen sich gegenseitig an und bewirken fantastische Kettenreaktionen, wenn wir sie hochkant aufstellen und den ersten Stein anstoßen. Damit sind sie der Anfangspunkt und das spirituelle Fundament, auf dem wir aufbauen und die wir im Alltag auch immer wieder üben dürfen. Das Leben ist ein Spiel!

Im nächsten Kapitel schauen wir uns im Detail die zweite Spielregel an, denn diese sorgt am meisten für Unwetter im Leben.

2.

Vom Glücklichsein und anderen Unwettern im Kopf

Alle Gedanken und Worte haben eine bestimmte Energiefrequenz. Leider haben viele Gedanken, die wir täglich im Kopf haben, eine aufwirbelnde und schädliche Frequenz. Hast du einmal deine Gedanken im Laufe des Tages beobachtet oder sogar versucht, deinem sogenannten *Monkeymind*[5] Einhalt zu gebieten? Das ist gar nicht so leicht, nicht wahr? Es sind wütende Unwetter in unseren Gedanken, die wie ein Sturm richtig Schaden anrichten können – auch wenn uns das vielleicht gar nicht so bewusst ist. Sie sind immer dann da, wenn wir uns ständig Sorgen machen und immer wieder über das gleiche Thema nachdenken, das uns aufregt, wenn wir uns im Kreis drehen oder im Jammertal festsitzen, oder gar in einer unerfreulichen Spirale der Eifersucht. Vielleicht erinnerst du dich auch mitten am Tag an eine unangenehme Situation aus deiner Vergangenheit und überlegst stundenlang, wie du stattdessen hättest handeln sollen. Du ärgerst dich ständig über jeden deiner Fehler. Dann wartest du noch auf einen unangenehmen Anruf, hast eine Deadline einzuhalten und da war noch dieser fiese Streit in der Familie, der geklärt werden muss … Das Unwetter wütet und wütet. Einige dieser Gedanken sind offensichtlich, sobald wir uns diese bewusst machen und hinhören. Andere schwingen ganz leicht, nur im Hintergrund. Sie flüstern uns ständig ins Ohr, dass wir z. B. nicht gut genug sind, nicht geliebt werden oder uns wegen etwas schämen sollten.

Solche Gedanken und Worte, die du dir selbst erzählst, sind die Wolken im Kopf, die unsere innere Mitte trüben und alles durcheinander bringen. Es ist nämlich so, dass wir uns mit diesem ständigen finsteren Gedankenkarussell selbst programmieren.[6] Denk an die Spielregeln des Universums und die Macht der Worte: Was ich mir immer wieder selbst sage, das wird zu meiner Realität. Wenn ich permanent nur von Sorgen und Ängsten rede, dann bekomme ich nur immer mehr Sorgen und Ängste statt Glück und Freude und allem, was ich eigentlich haben möchte. Ich ziehe mich damit selbst runter in einer ewigen Abwärtsspirale. So komme ich irgendwann auf eine sehr, sehr niedrige Frequenz, auf der nur noch Angst und Apathie existieren. In diesem Zustand ziehe ich weitere schlechte Erlebnisse an. Ich achte ja auf nichts anderes mehr als auf mein Leid und habe außerdem jegliche Hoffnung an eine Besserung verloren. Wenn ich dort angekommen bin, habe ich meinen Körper und meinen Geist durch ständige Wiederholung auf eine reine Flucht-, Starre- und Abwehrhaltung programmiert. Diese Überlebensreaktionen laufen dann automatisch ab. Ich tue mich schwer, sie zu stoppen.

Ein handfestes Beispiel für den Kreislauf solcher schlechten Erwartungen sind die Lebensansichten von Kindern, die bei arbeitslosen Eltern aufwachsen. Sie kennen und sehen nur diese Realität und die damit verbunden Einschränkungen und erwarten gar nicht, dass sie selbst einmal ein anderes Leben und einen Job haben werden. Sie erwarten keine Verbesserung durch die Schule, geben sich wenig Mühe und landen häufig – wie erwartet – in der gleichen Situation wie ihre Eltern. Erst wenn sie ihre Muster und schlechten Erwartungen durchbrechen, können sie neu starten. Manchmal wachsen Geschwister gleich auf, aber das eine Kind denkt sich, so möchte es später auf keinen Fall leben und das andere Kind denkt sich, dass es eh keine Hoffnung gibt. Das eine Kind wird Millionär und das andere Kind verliert einen Job nach dem anderen. Es sind die Gedanken und Glaubenssätze über die Welt, die uns im Leben leiten.

Ein Beispiel aus meinem eigenen Leben sind zwei Familienmitglieder, die sich nicht gut verstehen. Es herrscht ein seit Jahren anhaltender Kampf zwischen ihnen und da jeder von ihnen den anderen schon abgeschrieben hat, sehen sie nur dessen schädliche Worte und Taten, keine einzige gute Eigenschaft. Ich gebe mein Bestes, ihnen einen Weg des Mitgefühls vorzuleben oder auch einmal mit ihnen zu sprechen. Doch sie sitzen zu tief drin in dieser Verbohrtheit und sehen in allem einen Angriff. Es kann sich daran erst etwas ändern, wenn sie es selbst erkennen und sich selbst für eine Änderung in ihrem Denken und Verhalten entscheiden.

Möchtest du herausfinden, ob deine aktuellen Gedanken auf der Frequenz des Glücks schwingen oder ob du im Gewitter gefangen bist und nur an Dinge oder Personen denkst, die dich in eine Abwärtsspirale bringen? Dann überlege dir eine Reihe von Wörtern beziehungsweise Themen, die dich oft beschäftigen. Du kannst dir zur Hilfe eine Liste schreiben oder gehe einfach von einem Begriff, der dir einfällt zum nächsten. Alle diese Worte tragen eine Frequenz in sich. Wir finden gleich heraus, ob diese Frequenz bei dir beflügelnd oder bedrückend ist.

Übung: Wortschwingung

Zur Demonstration dieser Übung starten wir mit einem allgemeinen Test.[7]

1. Reibe die Spitze deines Zeigefingers und deines Daumens kreisförmig aneinander. Sprich dabei positive Worte aus wie Freiheit, Liebe, Dankbarkeit oder Freundschaft. Wie fühlt sich die Reibung zwischen den Fingern an? Leicht und mühelos?
2. Jetzt reibe die Finger wieder aneinander und sage Worte wie z. B. Hass, Krieg, Gewalt oder Eifersucht. Fühlst du, wie sich der Druck erhöht? Oder die kreiselnde Bewegung gar ins Stocken kommt?

Diesen Test kannst du bei jedem Wort und jeder Aussage anwenden, die du sagst. So fühlst du, ob du gerade deine Schwingung erhöhst oder sie nach unten schraubst. Hier kommt die Liste der Themen ins Spiel, die dich beschäftigen. Welche Reaktionen lösen sie in deinem Körper aus? Wenn der Widerstand hoch ist, weißt du, dass es Zeit ist, zu handeln. Wenn du einen Schritt weitergehen möchtest, kannst du mit dieser Übung sogar Personen austesten, ob sie dir gut tun oder nicht.

Ich habe es übrigens mal ausprobiert, auch bei den negativen Worten bewusst die Reibung leicht und mühelos zu lassen. Es war zwar möglich, doch es hat sich unnatürlich angefühlt und ein Kribbeln ging durch meine Hände und in meinen Bauch. Probiere es einmal aus und fühle es selbst.

Auch das folgende bekannte Beispiel sagt viel über die Macht der Worte und ihre Schwingungen aus: Der japanische

Wissenschaftler Masaru Emoto füllte Wasser in verschiedene Behälter. Manche der Flaschen setzte er positiver Musik und positiven Worten aus. Anderen Behältern gegenüber sprach er nur negative Begriffe und Absichten aus. Wurde das Wasser anschließend gefroren, bildeten sich im Wasser der netten Worte regelmäßige, vollkommene Eiskristalle. Das Wasser, das der schädlichen Schwingung ausgesetzt war, gefror zu unregelmäßigen Kristallen. Ähnliches konnte bei Reis beobachtet werden, auf dessen Packung freundliche oder hasserfüllte Worte standen. Der Reis mit den „schlechten" Worten schimmelte sogar.[8] Wenn es schon bei Reis so stark wirkt, überlege dir, wie viel Schaden jammernde Worte in deinem Körper haben können!

In meinem Leben gab es vor Jahren eine lange Zeit, in der ich im Jammertal des Liebeskummers feststeckte und mich täglich den Gedanken an den geliebten Menschen gegenübersah. So sehr ich diese Gedanken loswerden wollte – denn ich war mir dieser durchaus bewusst – so sehr schien es nicht zu klappen. Die Gedanken kamen immer wieder, wie wildgewordene Affen tanzten sie in meinem Kopf und waren der Grund für die eine oder andere verrückte Aktion, um den Menschen zurückzugewinnen. Aber wie kommt es, dass es uns immer so schwer fällt, aus den ungesunden Verhaltensweisen oder den einschränkenden Mustern auszubrechen? Immerhin wissen wir doch ganz genau, dass es durchaus möglich ist, sich anders zu entscheiden. Also wir wissen zum Beispiel, welches Verhalten gesund für uns wäre und trotzdem bleiben wir in alten Süchten und Gewohnheiten und Ängsten hängen. Warum?

Nun, im Kleinkindalter fällt uns noch jeder Schritt schwer. Wir müssen alles erst lernen und dafür viel kognitive und körperliche Energie aufwenden. Mit der Zeit, wenn wir etwas ständig wiederholen, wird die Verbindung der dazu benötigten Nervenzellen im Gehirn immer stärker. Abläufe festigen sich. Diese Handlungen fallen uns dann immer leichter, bis sie tief verankert sind und zur Gewohnheit werden. Das ist vereinfacht gesagt der Prozess des Lernens. Beispiele dafür sind Laufen und Sprechen oder auch Kopfrechnen, Autofahren oder die Aufgaben, die wir täglich in unserem Job erledigen. Genauso, wie wir diese Kompetenzen erlernen, ist es auch mit anderen Verhaltensmustern, die uns irgendwo im Leben (scheinbar) helfen.

Zum Beispiel fühlen wir uns erst einmal besser, nachdem wir unserem Ärger Luft gemacht haben. Ich fühle mich sogar verbunden mit meinem Gesprächspartner, der vielleicht etwas Ähnliches erlebt hat und mich einfach versteht oder Rat weiß. Diese Empathie kann sich sehr hilfreich anfühlen. Doch es wirkt immer nur für eine begrenzte Zeit erleichternd. Mit dem Jammer-Gespräch habe ich mich nämlich auch auf die Schwingung des Jammerns heruntergebracht. Außerdem habe ich so gelernt, dass diese Emotion eine scheinbar gute ist. Und so komme ich nicht mehr aus der Angewohnheit des mich Beklagens heraus, denn die Synapsen im Hirn haben sich auf diesen Pfaden verstärkt. Ich sehe dann auch ständig mehr Gründe, unzufrieden zu sein. Ich suche danach, denn es fühlt sich ja gut an, wenn ich dadurch Verbundenheit mit anderen fühle. Und außerdem ist es bequem, denn wenn andere an allem Schuld sind, muss ich nie an mir selbst arbeiten. Es kommt sogar ein bisschen drauf an, in welchem Umfeld du aufgewachsen bist. Deutschland ist Jammermeister. Wenn du eine Weile in anderen Ländern lebst, wirst du feststellen, dass andere Kulturen andere Denkgewohnheiten haben, die sogar hilfreicher sind. Die Schweizer oder Amerikaner z. B. denken größer, lösungsorientierter und glauben an ihre Träume. Wir müssen auch nicht gleich landesweit denken. Einige von uns sind in einer Familie von Optimisten aufgewachsen, während andere es schwer hatten und deshalb ihren Kindern ständig etwas vorgejammert haben. Ist dein Glas halbleer oder halbvoll? Denkst du eher positiv oder siehst du immer gleich schwarz? Erkenntnis ist immer der erste Schritt zur Besserung.

Wenn ich also aus diesem Zyklus wirklich ausbrechen will, muss ich ein völlig neues Verhalten lernen. Und das geht nur, wenn ich zuerst die Gedanken und Emotionen transformiere, die mich zu diesem neuen Verhalten verleiten. In gewissem Umfang geht es auch umgekehrt: Ich kann durch Verhalten auch meine Gedanken und Gefühle ändern. Zum Beispiel ist es sehr schwer, wütend zu bleiben, wenn ich bewusst mehr lächle.

Ob wir beim Verhalten oder bei den Gedanken starten: Wir wollen zusammen unser Bewusstsein auf die schädlichen Verhaltensmuster und die Unwetter im Kopf lenken. Wenn wir mehr Erlebnisse haben wollen, bei denen es keinen Grund zum Jammern gibt, weil alles perfekt läuft, dann müssen wir die negativen Gedanken nach dem Bewusstwerden umprogrammieren. Eine gute Methode zur Umprogrammierung sind die Challenges, die in diesem Buch noch folgen werden. Es benötigt etwas Übung und bleibt auch nach unseren gemeinsamen 21 Tagen ein tägliches Training. Also, wenn du wirklich viele Wunder erleben willst, dann geht das nicht von jetzt auf gleich und es werden immer wieder herunterziehende Gedankenspiralen dazwischenfunken. Doch wir können gemeinsam den Startschuss geben.

Zusätzlich dazu, dass du viel üben musst, wenn du gut im Emotionen erhöhen sein möchtest, darfst du die Änderungen und Gefühle nicht in die Zukunft verlegen. Du darfst nicht denken: „Morgen fange ich an" oder „Morgen höre ich mit dem Rauchen auf. Morgen stoppe ich mein Jammern und Lästern und morgen lebe ich das Leben, das ich immer haben wollte." Es muss im Jetzt sein, sonst funktioniert es nicht. Vielleicht kannst du dich noch an mein erstes Buch erinnern, in dem ich dir von Dr. Joe Dispenza erzählt habe. Er ist Neurowissenschaftler und hat bei den Frequenzen der hohen Emotionen physikalisch gemessen, wie sie sich vom Gehirn auf das Herz und unser ganzes Nervensystem auswirken, in Form von Magnetfeldern. Er und viele weitere Menschen auf der ganzen Welt haben erkannt: Wenn wir höhere Frequenzen aus der Zukunft zu uns ziehen wollen, funktioniert es nicht so wirklich. Also wir können keine Schwingungen aus der Zukunft empfangen.[9] Dann sind sie eher Bilder, losgelöst von uns und unserem Dasein. Etwas auf Distanz, das wir nicht wirklich fühlen und so zum Schwingen bringen. Nein, das Geheimnis ist, die gewünschte Änderung im Jetzt zu fühlen und zu leben. Die Energie, die du in deinem Herz erzeugst, wenn du es für hohe Emotionen öffnest, umgibt dann deinen ganzen Körper und zieht alles zu dir an, was mit dieser Energie kohärent ist. Nicht erst morgen oder in der neuen Woche, sondern jetzt sofort. Was tiefer schwingt, kommt ab sofort nicht mehr rein.

Auch Dr. Frank Kinslow lehrt etwas ähnliches. In einem Kurs von ihm habe ich einen Tag lang geübt, genau im Hier und Jetzt glücklich zu sein. Es ist tatsächlich möglich, dieses Glücksgefühl auf Knopfdruck hervorzuholen, unabhängig von deinen äußeren Lebensumständen – mit Übung versteht sich. Ich saß in der Mittagspause wie ein Glückskeks auf der Bank und staunte über die wunderschönen Wolkenformationen im Himmel. Wann hast du dich das letzte Mal gefreut, dass der Himmel so himmelblau ist?

Dr. Joe Dispenza hat außerdem erkannt, dass es zur Änderung von Verhaltensweisen nötig sein kann, dass wir unsere Persönlichkeit transformieren. Das ist es, was viele Menschen zurückhält. Sie wollen nicht anders sein, als sie bisher waren, weil ihnen das falsch vorkommt. Ob du bereit dafür bist, ist nach wie vor deine Entscheidung. Niemand kann dir sagen, was du zu tun oder zu lassen hast. Doch du hast ja zu diesem Buch gegriffen, weil du etwas ändern möchtest, oder?

Nur positives Denken allein bringt uns aber nicht weiter. Du kennst es sicherlich, wenn dir jemand sagt, dass du einfach lächeln, durchatmen und das Gute sehen sollst. Das ist lieb gemeint, doch das Problem ist: Es bringt nicht sehr viel. Das Handeln fehlt. Und die Authentizität und der eigene Wille, diese Änderung zu machen, fehlen ebenfalls, wenn die Aufforderung durch jemand anderen kommt. Ich habe stattdessen nur jemanden, der mir von außen sagt, wie ich mich bitte zu fühlen und zu verhalten habe. Außerdem ist es schädlich, alle negativen Emotionen immer zu verdrängen, im schlimmsten Fall nur, um den Schein für andere zu wahren. Ja, es gibt sie, die schlechten und traurigen, die herausfordernden und die wütend machenden Momente. Das dürfen wir nicht leugnen. Es sollte uns auch erlaubt sein, diese Emotionen zu fühlen, damit wir die Eindrücke verarbeiten können, lernen, und dann aus unserem eigenen Willen heraus entscheiden, dass jetzt genug ist und dass wir es jetzt gerne umwandeln möchten. Dann kann ich mir selbst sagen, dass ich von nun an positiv denken möchte und meine Aufmerksamkeit bewusst wieder auf die guten Seiten lenken. Nur ein paar Atemübungen, wenn es mir noch richtig mies geht und ich einiges zu verarbeiten habe, helfen also nicht weiter, sondern vertagen das Problem nur, bis es sich noch zerstörerischer losbricht.

Endlose Sorgen, also das Gewitter im Kopf, entfernen das Problem aber genauso wenig. Es ist sogar eher so, dass wir aufgrund der Horrorszenarien im Kopf nicht dazu kommen, eine Herausforderung anzugehen. Durch die Verkrampfung im Körper kann ich so auch nicht gesund werden, falls ich krank bin. Eher manifestiere ich einen heftigeren Verlauf. Denke immer an die Spielregeln: Was ich über mich oder die Welt glaube, das wird für mich und meine Welt auch so sein. Worüber ich mir Sorgen mache, das trifft ein.

„*Worry has no transformational value*", hat Michael Beckwith[10] diesen Teufelskreis treffend formuliert: Sorgen helfen mir nicht bei der Transformation. Denn das andauernde Unwetter in meinem Kopf ändert nichts an meiner Situation. Ich drehe mich dadurch nur im Kreis und halte an Verhaltensweisen fest, die aus Ängsten bestehen – ohne dass ich wirklich etwas anpacke und an der Situation verändere. Ich habe ja eh immer nur Sorgen, also warum sollte ich überhaupt anfangen, etwas anders zu machen? Diese Frage wird aufkommen und schon verstärkt er sich wieder, der zerstörerische Zyklus der niedrigen Frequenzen.

Unser Ziel ist es, mithilfe der Übungen in diesem Buch, stattdessen in einen Zustand des bewussten und gesunden Glücklichseins zu kommen. Wir möchten proaktiv aus den Sorgen ausbrechen. Das bedeutet nicht, dass wir niemals traurig sein dürfen und immer nur alles gut finden müssen, was uns passiert. Viel mehr möchten wir die Gedanken mit tiefen Schwingungsfrequenzen, wie z. B. Ärger, Furcht, Schuld oder Apathie, bewusst wahrnehmen, verarbeiten und aktiv transformieren. Durch diese befreienden Prozesse kommen wir auf höhere Bewusstseinsstufen. Wir klären die Wolken aktiv. Das ist die spirituelle Alchemie.

Wenn ich bewusst glücklich sein will, muss ich erst aus meiner Komfortzone des Jammerns, Beklagens und die Schuld auf Andere Schiebens herauskommen. Wenn es sich unnatürlich anfühlt und ein wenig wehtut, ist es genau richtig. Wir reißen mit den Übungen das alte Unkraut wie z. B. die veralteten Glaubenssätze konsequent heraus.[11] Danach können wir neue Glaubenssätze oder Verhaltensmuster zulassen, die besser zu unserem Traumleben passen und uns glücklicher machen. Dieser Prozess braucht Zeit. Es ist wie ein Garten, der nach dem Unkrautjäten regelmäßig gepflegt werden möchte. Deswegen gebe ich dir auch eine ganze Reihe von Übungen an die Hand, die du täglich wiederholen kannst.

Die höchste gedankliche Frequenz, die wir erreichen können und mit der wir die positivsten Dinge in unser Leben ziehen, ist die vollkommene Präsenz im Hier und Jetzt. Michael Beckwith nennt es das **Channeler-Bewusstsein** oder das Hingabe-Bewusstsein.[12] Wenn wir dort angekommen sind, sind wir einfach vollkommen im Flow. Wir blenden alles um uns aus. Unsere Aufgaben erscheinen uns mühelos. In diesem Zustand des Seins wirkt das Universum durch dich hindurch. Wir können dann alles Positive erschaffen, auch und vor allem Sachen, auf die wir selbst, unser Bewusstsein und unser Ego nie gekommen wären, weil wir sie nicht für möglich gehalten hätten. Im Channeler-Bewusstsein bin ich Teil des Lebens und das Leben passiert durch mich. Ich fühle dann das Glück und die Liebe und strahle sie auch aus. Das wird mir am Ende sogar helfen, länger zu leben. Denn ja, es ist wirklich so: Wer positiv eingestellt ist, ohne viele Ängste, der lebt länger. Das hat eine Studie der Boston University[13] bestätigt, mit wissenschaftlichen Aufzeichnungen. Optimisten werden demnach deutlich älter als Pessimisten. Auch der Placebo-Effekt[14] wurde schon mehrfach bewiesen. Die ausgeschütteten Hormone und Co. sind die stoffliche Auswirkung der Gesetze, die in der Natur und im ganzen Universum herrschen. Sie besagen das gleiche, nur mit anderen Worten. Sorgen haben also nicht nur fehlende transformative Kraft, sie verursachen auch, dass wir kürzer leben. Die endlose Flut der Stresshormone macht unseren Körper krank und schwächt die Abwehr. Mit dem Jammern ist es ähnlich: Es verursacht Stress im Körper, raubt unsere Energie, verschlechtert die Stimmung, richtet unseren Fokus auf alles Negative, zieht damit noch mehr Schlechtes in unser Leben und sorgt dafür, dass wir in der ewigen Opferrolle bleiben, statt unser Schicksal selbst in die Hand zu nehmen. Wir können jedoch das Steuer herumreißen, indem wir lernen, unsere Energie bewusst auf eine höhere Frequenz zu lenken. Auf den höheren Leveln haben negative, verurteilende Gedanken keinen Platz mehr. Das kannst du in den kommenden Tagen fühlen und erleben.

3.

Spirituelle Alchemie – Energie transformieren

Jetzt, da du in der Theorie weißt, wie uns all unsere Gedanken beeinflussen, ist es an der Zeit, sie ganz bewusst auf eine höhere Energieebene zu transformieren. Endloses Zerdenken und Sorgenmachen haben keine transformative Wirkung. Also muss es irgendwie anders funktionieren. Hier kommt die spirituelle Alchemie ins Spiel! Mit ihr transformierst du deine Energie auf eine erhöhte Stufe, wie wenn du aus einfachem Metall Gold machen würdest. Aus den negativen Gewitterwolken werden Gedanken, die dir ein erfüllteres Leben bescheren. Dazu zeige ich dir ein paar leicht umsetzbare Übungen, wie du deine Gedanken und Gefühle auf eine höhere Frequenz bringen kannst.

Warum ist spirituelle Alchemie überhaupt nötig und warum sind wir nicht von Natur aus immer auf einer hoch schwingenden Frequenz? Warum machen wir es uns selbst so schwer? Dies liegt an den „Schatten", die jeder von uns in sich trägt. Nicht nur das alltägliche Gedankenkarussell trübt unsere Energie, sondern auch alte Traumata und Muster befinden sich als energetische Blockaden in unserem Energiefeld. Sie werfen ihre Schatten auf alles, was wir tun und manifestieren. Solange du sie in dir trägst, wirkt ihre Energie und du ziehst damit immer wieder Situationen an, die dich mit denselben Mustern und Traumata konfrontieren. Was dann wiederum zu den Gewitterwolken im Kopf führt. Zum Beispiel wirst du immer wieder in toxischen Beziehungen landen, bis dir das Muster dahinter bewusst wird und du es gezielt auflösen kannst. Oder du wirst immer wieder mit der gleichen Art Mensch konfrontiert, die dir nicht gut tut. Solange, bis du die Energie dieser Personen nicht mehr in dir trägst, weil du sie geklärt hast und endlich andere Menschen kennenlernst, die besser zu dir passen. Das gleiche gilt für Berufe oder generell Lebenssituationen. Es kann sogar sein, dass du immer wieder in Häuser oder Gegenden ziehst, in denen du dich unwohl fühlst und einfach nicht verstehst, warum es so ist. Es ist wie die Regenwolke in Cartoons, die dir über deinem Kopf überall hin folgt.

Immer weiter zu laufen wie gehabt und zu jammern, mit der Wolke über dir, hilft nicht. Wir müssen diese Muster brechen. Wann immer uns etwas im Leben begegnet, das uns triggert, Probleme bereitet oder uns das Leben schwer macht, sollten wir herausfinden, was sich dahinter verbirgt. Das können, wie erwähnt, eigene Traumata aus der Kindheit sein, aus der Familiengeneration, die in deiner DNA gespeichert sind, oder sogar aus vergangenen Leben, die sich als Karma in diesem Leben äußern.

Ich stelle mir dann Fragen wie zum Beispiel: Was ist hier das eigentliche Problem? Wie ist es entstanden? Wie reagiere ich darauf? Wenn wir uns dem Kern der Dinge und unseren verborgenen Verhaltensweisen bewusst werden, beginnt die spirituelle Alchemie und die Bewusstseinsarbeit. Andere nennen es auch Schattenarbeit – in Bezug auf die genannten Schatten, die verarbeitet werden möchten – oder allgemein Persönlichkeitsentwicklung.[15]

Egal wie du es nennst, es geht um die Beschäftigung mit den Aspekten, Seiten, Meinungen, Gedanken und Ängsten von uns, die wir verdrängen, weil wir sie nicht wahrhaben wollen. Werden sie nicht beachtet und bearbeitet, bleiben ihre Energien bei uns. Irgendetwas schlummert dann in uns, was wahres Glücklichsein verhindert. Erst wenn wir unserer inneren „dunklen Seite" direkt in die Augen schauen können und sie energetisch auflösen, wird Raum für etwas Neues geschaffen. Um dort hinzukommen, werden wir mittels Übungen Glaubenssätze und Trigger auflösen und uns darum kümmern, dass negatives Karma – dein Ballast aus der Vergangenheit – abgebaut wird. Je weniger Ballast du mit dir verschleppst, desto mehr Energie hast du frei zum Wunder kreieren.

Mit den eigenen Schatten ist es allerdings nicht getan. Oft übernehmen wir Eigenschaften beziehungsweise Energien von Menschen um uns herum, samt deren Glaubenssätzen. Wir verhalten uns nach fremden kollektiven Mustern, weil „man das ja so macht". Bei der spirituellen Alchemie geht es auch darum, diese nicht zu uns gehörenden Energien aufzudecken und stattdessen zu erfahren, was wir wirklich sind. Sobald unser Leben nicht mehr mit dem von anderen verknotet ist, können wir es endlich frei gestalten. Wir *ent*-wickeln uns dann wortwörtlich aus diesen Verhedderungen.[16]

Sind erst einmal alle negativen Energien transformiert, kommen Freude, Liebe, Dankbarkeit und Ausgeglichenheit ans Licht. Etwas anderes bleibt nicht übrig, wenn du deine Probleme verarbeitet hast. Hierzu ist es aber notwendig, dass du aktiv dabei bleibst. Spirituelle Alchemie ist nie beendet. Es ist ein immer währender Prozess und es tauchen wie beim Zwiebelschälen immer neue Dinge auf, an denen wir lernen und wachsen dürfen. Mit der Zeit wird es aber leichter.

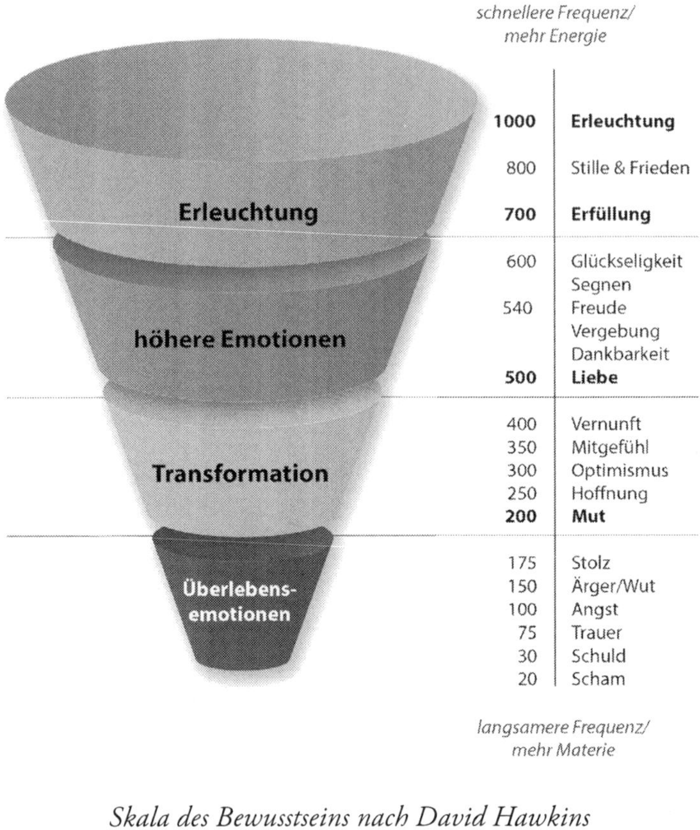

Skala des Bewusstseins nach David Hawkins

Kennst du diese Grafik der Bewusstseinsebenen von David Hawkins?[17] Ich hatte sie schon in meinem ersten Buch vorgestellt und komme selbst immer wieder auf sie zurück. Die Grafik zeigt eine Skala, auf der wir uns nach oben entwickeln wollen. Die höheren Emotionen, wie Liebe, Dankbarkeit, Vergebung, Freude, Segnen und Glückseligkeit, haben die richtige Frequenz, um Wunder in unser Leben zu ziehen.[18]

Es ist wichtig, sich regelmäßig für die spirituelle Alchemie Zeit zu nehmen, weil deine Energie nicht dauerhaft oben bleibt, nachdem sie einmal gesprungen ist. Dein Energiefeld ist im ständigen Fluss, beeinflusst durch deine Gedanken, Gefühle, Glaubenssätze, Aktionen und Intentionen. Aus diesen Faktoren setzt sich deine einzigartige (und sich immer ändernde) Energie-ID[19] zusammen. Sie beeinflusst, was du in dein Leben ziehst und zwar das, was auf der gleichen Gesamtwellenlänge schwingt wie du.

Doch die Energie hoch zu halten, ist nicht immer leicht. Wir dürfen uns wie erwähnt gelegentlich unseren unangenehmen Schatten stellen. Erinnerst du dich an meine Geschichte von dem Glückstag bei Dr. Frank Kinslow? Eine Nebenwirkung dieser Übungen war, dass am nächsten Tag extrem viele unangenehme Gefühle an die Oberfläche kamen. Es hat sich angefühlt wie spiritueller Muskelkater. Als ob es anstrengend für meinen Körper war, den ganzen Tag bewusst auf dieser Glücksebene zu verweilen.

Ohne Nachhilfe wird deine Energie wieder auf das übliche Level fallen, auf dem du sonst auch schwingst. Sogar auf der Ebene des Atoms ist es so, dass seine Elektronen wieder auf die niedrigeren Bahnen fallen, wenn sie keine neue Energie zugeschoben bekommen.[20] Diese Regel gilt vom Großen ins Kleine im ganzen Universum. Wir müssen immer wieder aktiv Spannung hinzugeben, um nachhaltig unsere Frequenz zu erhöhen. Dabei geht es dann nicht darum, jeden Tag auf Zwang glücklich zu sein. Sondern es geht darum, das scheinbar Negative, das dir widerfährt, zu akzeptieren, es als Teil des Lebens zu sehen, die Erfahrungen zu deinem Vorteil zu nutzen und wieder Stärke in den guten Tagen zu sammeln.

Du kannst im ersten Schritt lernen, deine eigene Bewusstseinsebene im Inneren zu regulieren und dann im zweiten Schritt, die Energie, die von außen auf dich einstrahlt zu regulieren. Andere Menschen und ihre Schwingungen wirken ständig auf dich ein. Wir kennen es, wenn wir einen Raum betreten und darin eine unangenehme Stimmung herrscht. Der englische Begriff „vibes" ist hier noch treffender, da er das Vibrieren in sich trägt. Genauso kennen wir die Situation, wenn wir in einen Raum voll guter Laune kommen und es wird die beste Party unseres Lebens. In diesem zweiten Raum wird jeder Gast von einer überschäumenden Freude angesteckt. Der Grund dafür ist, dass Emotionen ansteckend sind. Frequenzen übertragen sich. Vielleicht kennst du auch das Beispiel, von den pendelnden Uhren, die nach einer gewissen Zeit im Gleichtakt schwingen, obwohl sie unterschiedlich gestartet sind. Das Phänom heißt „selbstorganisierte Synchronisation". Zwei Uhrenpendel müssen nur am gleichen Gerüst aufgehängt werden und schon stimmen sich ihre Schwingungen aufeinander ab.[21] Ihre Frequenzen sind genauso ansteckend wie die Vibes im Partykeller. Kennst du den Spruch „Du bist die Summe deiner 5 besten Freunde, mit denen du am meisten Zeit verbringst?". Das basiert auch auf der Synchronisation der Frequenzen.

Starte also im ersten Schritt mit der spirituellen Alchemie bei dir und transformiere dann deine Umgebung. Du wirst deine neue, höhere Frequenz magisch auf alles um dich herum übertragen. Erst auf die Leute auf der Party, dann auf alle anderen, die eine Rolle in deinem Leben spielen und zu guter Letzt auf den gesamten Planeten. Für diese Wirkung müssen wir keine Aktivisten werden. Das wäre in gewisser Weise wieder ein Kampf, der nur zu Gegenkampf führt, da jeder Recht behalten will. Besser ist, wir starten bei uns selbst, treffen positivere Entscheidungen und strahlen Liebe aus. Das überträgt sich auf die anderen, ohne dass wir sie überzeugen müssen und so erschaffen wir die bessere Welt, die wir uns wünschen.[22]

Lass uns nun im ersten Schritt eine Übung machen, in der du lernst, wie du erkennst, auf welcher Bewusstseinsebene ein Problem in deinem Leben entstanden ist und wie du es mit spiritueller Alchemie lösen kannst.

Übung: Spirituelle Alchemie für Probleme

Diese Übung habe ich von der Engel-Channelerin Mary Zapiti gelernt. Du musst dafür nicht an Engel glauben, es reicht, wenn du für diese Übung deiner Intuition und deinem Körper vertraust.

Denke nun an etwas, das dir persönlich gerade Kopfschmerzen bereitet. Eine Sache, die dafür sorgt, dass du dich macht- und ratlos fühlst und die du transformieren möchtest. Das kann ein Beziehungsproblem sein, ein Geldproblem oder eine Krankheit. Um nun herauszufinden, auf welcher Frequenz dieses Problem entstanden ist, werden wir den Fingertest der Kinesiologie nutzen. Es gibt verschiedene kinesiologische Techniken, ich nutze gern den **Ringtest**. *(Falls du diese kinesiologische Technik noch nicht kennst, findest du bei YouTube Anleitungen. Und falls diese* *bei dir nicht funktioniert, kannst du auch eine andere, z. B. den Armlängentest, für diese Übung nutzen.)*

Verschließe nun deine Daumen und Zeigefinger zu verbundenen Ringen wie bei einer Kette. Nun teste einmal durch Zug nach außen, wie stark deine Kraft ist und wie gut du die Ringe zusammenhalten kannst. Probiere es mit einfachen Fragen. Lautet die Antwort „Ja" sollten die Ringe zusammen bleiben. Ist die Antwort „Nein" oder deine Aussage eine Lüge, gehen sie auseinander.

Rufe vor der Übung deinen Schutzengel oder deine spirituellen Helfer und bitte sie um Unterstützung, das Problem nun zu lösen. Begib dich ein eine meditativen Zustand und komm zur Ruhe, so dass du deine innere Stimme hören kannst. Nimm ein paar ruhige und lange Atemzüge, bevor du beginnst.

1. Schaue nun die Liste der Bewusstseinsstufen (siehe Seite 42) nach Dr. David Hawkins an und frage *„Wo hat mein Thema begonnen?"*. Fange am besten unten in der Liste an. Schließe die Finger zu Ringen und sage: *„Mein Problem entstand aus dem Gefühl der Scham"* oder frage *„War es Scham?"* Wenn die Fingerringe sich durch Ziehen öffnen, war dieser ausgesprochene Satz eine Lüge. Dein Problem entstand nicht aus Scham. Kläre kurz deinen Kopf und gehe zur nächsten Stufe bis die Verbindung deiner Finger stark bleibt. Hier liegt die Energie deiner Situation begraben.

2. Wenn du die richtige Ebene gefunden hast, fühle den Moment der Entstehung des Problems nach. Was kommen dir für Gedanken oder Bilder hoch? Was sagt deine Intuition?

Es kann übrigens sogar sein, dass es in einem vergangenen Leben entstand und sich jetzt durch die Regel des Karmas in das aktuelle Leben übertragen hat. Stelle auch diese Frage: *„Stammt die Entstehung aus einem vergangenen Leben?“* Dann weißt du, dass du nicht im kürzlich Erlebten suchen brauchst. Vertraue deiner Intuition, dass sie dir den richtigen Impuls geben wird.

3. Frage nun: *„Welches ist der höchste Gedanke, den ich denken kann, um dieses Thema jetzt aufzulösen?“*. Deine Intuition wird dir den richtigen Gedanken geben. Was ploppt in deinem Kopf auf? Meistens klingt es wie eine kurze Affirmation, z. B. *„Ich bin geliebt“*, *„Ich freue mich auf die Zukunft“*, *„Ich bin sicher“*, *„Ich bin jetzt bereit aufzublühen“*. Das sind nur Beispiele, der richtige Gedanke wird zu deinem Thema passen und für dich Sinn ergeben.

4. Frage im nächsten Schritt: *„Welches ist das höchste Gefühl, dass ich fühlen kann, um dieses Thema zu transformieren?“*. Was antwortet deine Intuition diesmal oder fühlst du etwas?

5. Führe danach eine Prüfung mit dem Ringtest durch, auf welcher Bewusstseinsebene du dich nun befindest mit der gleichen Tabelle. Diese Ebene passt zu deinem Heilungsgedanken. Sie wird dir auf deinem Weg zur Problemlösung helfen.

6. Am Ende segne dein Thema und alle Menschen, die daran beteiligt sind, bekannt oder unbekannt. Am besten segnest du dich gleich mit :-).

	Ebene	Skala Logarithmisch	Emotion	Prozess	Lebens-Einstellung
Kraft - kreative Energie	Erleuchtung	700-1000	Erhabenheit	Reines Bewusstsein	Sein
	Frieden	600	Glückseligkeit	Lichtaussendend	Perfekt
	Freude	540	Gelassenheit	Verklärung	Vollendet
	Liebe	500	Ehrfurcht	Offenbarung	Wohlwollend
	Vernunft	400	Verständnis	Abstraktion	Bedeutsam
	Akzeptanz	350	Vergebung	Transzendenz	Harmonise
	Gutwilligkeit	310	Optimismus	Absicht	Hoffnung
	Neutralität	250	Vertrauen	Erleichterung	Zufriedenheit
	Mut	200	Bestätigung	Ermächtigung	Machbarkeit
Macht - destruktive Energie	Stolz	175	Verachtung	Arroganz	Einfordern
	Ärger	150	Hass	Aggression	Widerstand
	Wunsch	125	Verlangen	Abhängigkeit	Enttäuschung
	Furcht	100	Angst	Rückzug	Erschrecken
	Gram	75	Bedauern	Traurigkeit	Tragik
	Apathie	50	Verzweifeln	Verzicht	Hoffnungslosigkeit
	Schuld	30	Vorwurf	Zerstörung	Verurteilung
	Scham	20	Erniedrigung	Aufgeben	Erbärmlich

Bewusstseinsskala nach Dr. David Hawkins

Deinen Gedanken und dein Gefühl nimmst du nun mit in die nächsten Tage. Vielleicht klebst du dir den Gedanken als Affirmation überall hin oder du sagst ihn dir ganz oft. Der Gedanke ist mit dem Heilungsgefühl verknüpft, je öfter du darin badest, desto schneller tranformierst du die Situation bzw. dein Thema.

Ich konnte mit dieser Methode vor kurzem eine zwischenmenschliche Blockade lösen. Ich hatte mich bei jemandem lange nicht gemeldet, obwohl diese Person im Lockdown eine sehr harte Zeit durchlitten hat. Es gab einen Todesfall in ihrer Familie. Ich konnte es mir nicht erklären, warum der Kontakt in dieser Zeit einschlief, denn zwischen uns war nichts weiter vorgefallen, aber sie distanzierte sich immer mehr und mehr. Es stellte sich mit dieser Übung heraus, das mein Problem auf der Ebene der Schuld entstanden ist. Jetzt hätte ich aus der Schuld heraus so weitermachen und mich erst recht nicht mehr blicken lassen können. Doch es fühlte sich falsch an und schon Albert Einstein sagte: *„Probleme kann man niemals mit derselben Denkweise lösen, durch die sie entstanden sind.“* Also musste ich aus der Schuld herauskommen. Das Leben ist immer ein Spiegel. Meine Intuition brachte mich zu einem Bild in meiner Kindheit, bei dem Rückzug die beste Lösung war, wenn meine Eltern schlecht drauf waren. Als Kind hatte ich das Gefühl, das wäre meine Schuld. Nicht aus dem Zimmer kommen, dann geht es schon wieder vorbei. Hier erkannte ich nun ein Muster. Die Frage nach den höheren Gedanken führte mich zu Mut und Mitgefühl, sie waren dann auch meine transformierenden Emotionen. So tat ich es dann bei meiner Bekannten. Ich ging mit der Energie von Mut und Mitgefühl auf sie zu. Ich fragte offen, wie es ihr ginge, was los sei und ob sie Hilfe bräuchte. Diese hohe Energie hatte unsere Spannung gelöst und so auch mein Problem, denn das darunterliegende energetische Muster wurde transformiert.

Für ein körperliches Problem habe ich die Ursache auf der Frequenz der Hoffnungslosigkeit gefunden und mein Heilungsgedanke, der mir kam war: Ich freue mich auf die Zukunft, gepaart mit einem Gefühl der Hoffnung und Freude. Rein durch das Erkennen der Ursache des Ursprungs-Themas, trat körperliche Besserung ein und auch mit dem Denken des Gedankens in der nächsten Zeit hat sich viel geändert.

Ich habe durch das Anwenden dieser Übung an spezifischen Themen erkannt, wenn ich meinen Teil der Verantwortung für jedes Problem oder unangenehme Situation übernehme, kann ich die Realität für mich verändern. Wenn ich weiterhin in der Opfer- und Schuldrolle geblieben wäre, dass die andere Person die Schuld trägt, hätte sich nichts verändert.

Die Frequenz der Wunder

Wenn du dich darauf einlässt, dich mit dem Universum und Spirit zu verbinden, wirst du für alles die richtige Lösung sehen. Sie wird dir einfach gezeigt. Auf alle Fragen bekommst du immer eine Antwort. Es ist ein beruhigendes Gefühl, das du so vielleicht schon vom Meditieren oder einem wirklich erfüllendem Spaziergang durch die Natur kennst. Es ist ein tiefes Gefühl der Verbundenheit, der Liebe und du fühlst dich in Sicherheit. Du bist tief im Vertrauen, dass alles gut ist.

Nach vielem Ausprobieren habe ich eine Technik gefunden, die mich ohne Umschweife in die direkte Verbindung mit dem Universum bringt. Mit ihr tauche ich ein in das Quantenfeld. Das ist die Ebene, die allem zugrunde liegt. Sie zieht sich durch das gesamte Universum, schwingt zwischen allem, was wir als Teilchen wahrnehmen und ist das, was uns auf elementarster Ebene mit allem, was da ist, verbindet. Dieser rein physische, absolut gedankenleere Raum wird auch Nullpunktfeld genannt. Beim Baden im Feld schwingen wir auf der „Frequenz der Wunder". Hier ist alles möglich, denn hier ist alles als Potential vorhanden. Wenn du in diesem Zustand einen Gedanken oder ein Gefühl wie einen Stein in einen stillen See fallen lässt, manifestiert sich das in der Realität. Wenn wir die Frequenz der Wunder erreichen wollen, liegt das Geheimnis in der Stille. Erst wenn wir die Ruhe des Nichtstun gefunden haben, nichts mehr versuchen, schwingt unser Herz auf dieser höchsten Frequenz.

Die folgende Übung bringt dich in diesen Zustand und es braucht eigentlich nur wenige Sekunden. Du musst also nicht mehrere Jahre mit Meditationstraining und Yoga auf der Matte verbringen (auch wenn das sicher keine schlechte Sache ist), sondern kannst sie sofort in jeder Lebenslage, an jedem Ort anwenden. Ich nutze sie immer, sobald ich merke, dass meine Energie unten ist. Überraschend wird sein, dass sie mit keinerlei Anstrengung verbunden ist. Meist denken wir, dass wir erst viele Jahre mit Ausbildung und Meditieren zubringen müssen, und dann eines Tages kommt die Erleuchtung und unser Leben wird mit Wundern überschwemmt. Meditierende Mönche zeigen uns, dass es Willensstärke und Disziplin braucht, also dass wir auf allen Genuss verzichten müssen, um Erleuchtung zu erreichen. Aber, was wäre, wenn es noch einen schnelleren Weg gibt, sich mit dem Universum zu verbinden? Wir müssen nicht gleich erleuchtet werden. Es reicht, wenn wir im Alltag unsere Verbindung zur Quelle stärken, damit sie besser durch uns wirken kann. Solch eine Technik lehrt uns Dr. Frank Kinslow. Er nennt das Gefühl, was bei der Übung entsteht „Eu-Feeling“, da es eine Mischung aus Euphorie und Freude ist, die du dann fühlst. Es ist energetisierend und diese Übung war der Grund für meinen Glückstag, von dem ich dir bereits berichtet habe. Wir haben einen ganzen Tag mit offenen Augen im Nichts gebadet und dieses Gefühl kam wie von selbst hervor. Es ist bereits in dir drinnen, unsere Aufgabe ist es nur, die Tür zu öffnen.

Übung: Frequenz der Wunder[23]

Lass uns eintauchen in das Nullpunktfeld, um die Wunder in unser Leben zu ziehen.

1. Konzentriere dich auf einen einzelnen Punkt an deinem Körper mithilfe einer sanften Berührung. Drücke zum Beispiel deine Zungenspitze an den Punkt, an dem sich deine oberen Schneidezähne und der Gaumen berühren. Oder lege einen Finger auf die andere Handfläche.

2. Werde dir einfach nur dieser Stelle bewusst und fühle jede Einzelheit. Was beobachtest du? Was bewirken Änderungen im Druck oder in der Bewegung? Bewerte nichts davon als gut oder schlecht, sondern nehme nur wahr. Bleibe für ein paar Minuten in dieser Wahrnehmung, bevor du zum nächsten Schritt weitergehst.

3. Nun schaue auf einen Gegenstand genau rechts von dir. Dann drehe dich langsam herum und schaue auf einen anderen Gegenstand links von dir. Nicht zu schnell drehen, dir soll nicht schwindelig werden. Konzentriere dich nur abwechselnd auf die Objekte und nehme sie wahr. Betrachte sie einfach.

Nicht nur lesen, machst du auch wirklich diese Übung :-)?
Super!

Was war dazwischen, während der Drehung? Was war, als du deine Hand oder deinen Gaumen gefühlt hast? Hattest du in dieser Zeit Ängste oder Sorgen? Kamen dir Gedanken über den Tagesplan für morgen? Hast du Schuld oder Scham wegen einem vergangenen Fehltritt gefühlt? Hattest du Angst vor der eigenen Vergänglichkeit? Oder warst du einfach nur im Hier und Jetzt und hast außer der Berührung gar nichts gefühlt und außer den Gegenständen nichts gesehen?

Das ist der gedankenlose Zustand, wo du im Hier und Jetzt bist, erreicht mithilfe simpler physischer Übungen. Die Übung geht noch weiter. Nun geh wieder in dich und frage:

4. Woher kommt mein nächster Gedanke?

Hast du gefragt? Was hast du bemerkt oder beobachtet?
Frage nun weiter:

5. Welche Farbe hat mein nächster Gedanke?

6. Wie schmeckt mein nächster Gedanke?

Wenn du die Übung gemacht hast, ist dir vielleicht aufgefallen, dass für einen Moment Stille war, nachdem du die Fragen gestellt hast. Du warst im Hier und Jetzt, gedankenlos, im Nichts und gleichzeitig im Alles. Hier findest du – genau an diesem Ort – die Frequenz der Wunder.

Lass es mich dir noch genauer zeigen. Lege einen Finger auf eine Stelle an deinem Körper. Nun lege einen anderen Finger auf eine andere Stelle und behalte beide Punkte, wo deine

Finger deinen Körper berühren gleichzeitig in deinem Bewusstsein. Konzentriere dich auf diese beiden Stellen. Was fühlst du? Gib dir Zeit, bleibe eine Weile in diesem Zustand und konzentriere dich auf diese beiden Punkte in deinem Gewahrsein.

Dieses Gefühl, das jetzt durch dich strömt, – vielleicht zuerst ganz leicht und leise – bringt dich auf eine beflügelnd hohe Energie. Du hebst dich aus den Gedanken und Gefühlen heraus, schwebst darüber. Sobald du dich nämlich auf zwei Punkte gleichzeitig konzentrierst, fällst du automatisch aus deinem denkenden Verstand heraus. Du bist im Nichts, in der Frequenz der Wunder. Die Physiker sagen dazu auch Nullpunktfeld.[24] Es ist der Ort, von dem alle mystischen Yogis erzählen und manche jahrelang meditieren, um in diesen Zustand zu kommen. Gottseidank hat Frank Kinslow diese Abkürzung gefunden. Er nennt dieses Gefühl, was ganz leicht in dir aufsteigt „Eu-Gefühl". Spürst du es?

Ich spüre es z. B. im Herzen aufsteigend in den Halsbereich, wie ein glucksendes Glücksgefühl, was sich den Weg an die Oberfläche bahnen möchte. Mein Herz wird warm. Vielleicht ist es bei dir auch ein leichtes Kribbeln. Es ist nicht schlimm, wenn du anfangs nichts spürst, es bedarf einiger Übung, dessen gewahr zu werden.

Wenn du es aber erkannt hast, geht es nie wieder weg. Du kannst es jederzeit auf Abruf (durch Intention) hervorholen. Nutze das Gewahrsein des Eu-Feelings, um dich jederzeit auf ein höheres, sorgenfreies Energielevel zu bringen. Das neutrale Wahrnehmen bringt eine wunderbare Ruhe mit sich und die Inspiration sowie wundersame Synchronizitäten kommen dann von ganz alleine wieder.

Energiemanagement

Du hast vielleicht schon einmal etwas vom physikalischen Energieerhaltungssatz gehört. Er besagt, dass die Menge der Energie immer gleich bleibt.[25] Sie war von Beginn der Zeit festgelegt und ändert sich nie. Nur ihre Frequenz, Intensität, ihre Richtung und Verteilung verändern sich ständig. Oder auch der Zustand beziehungsweise die Form, in der wir die Energie vorfinden. So verwandelt sich kinetische Energie zum Beispiel in Wärmeenergie. Bildlich: Wenn du dich bewegst, wird dir warm. Oder die Bewegung wird durch Generatoren zu elektrischer Energie. Verloren geht sie nie, sie verwandelt und überträgt sich bloß.

Auch dein Energiefeld und deine Frequenzen ändern sich ständig. Das merkst du vor allem dann, wenn du vermeintlich keine Energie mehr hast. Diese Zeiten, in denen du dich zu gar nichts aufraffen kannst. In solchen Momenten liegt in deinem Körper eine Energieblockade vor. Wenn du die Blockade auflöst, wird die Energie wieder freigesetzt. Du fühlst dich plötzlich nicht mehr antriebslos, sondern sprudelst über vor Antrieb. An anderen Tagen hast du dafür einen Überschuss an Energie, wirst nervös und ruhelos. Aus diesen Gründen ist tägliches Energiemanagement wichtig. Wir wollen auf ein Level kommen, das uns mit stetig gleichen Paketen von Energie versorgt, sodass wir immer genau im Flow sind. Um in diese Balance zu kommen, muss ich zuerst herausfinden, was mir Energie gibt und was sie mir im Alltag raubt. Bist du dir bereits bewusst, wodurch du im Alltag Energie gewinnst und wodurch du sie verlierst? Welche Faktoren verändern dein Energiefeld?

Übung: Energiebilanz[26]

Finden wir heraus, was deine Energiegeber und was deine Energieräuber sind. Nimm ein Blatt Papier und zeichne zwei Spalten. In der ersten, linken Spalte liste nun alle Dinge auf, die dir Energie geben. In der rechten Spalte listest du alles auf, was dir im Alltag Kraft raubt.

Energiespender	Energieräuber

Führe diese Übung eine Woche lang jeden Tag durch. Sammle jeden Tag alles, was du gemacht hast, wobei oder wonach du dich gut gefühlt hast. Es kann eine Begegnung sein, ein Hobby, eine Aufgabe bezogen auf die Arbeit oder alles, was du sonst noch so tust am Tag. Sammle auf der anderen Seite alles, wodurch du dich schlechter fühlst als vorher. Das können ebenfalls Tätigkeiten, Gedankenspiralen, Nahrungsmittel, Gewohnheiten oder Personen sein.

Schaue am Ende der Woche wieder auf deine Tabelle und überlege: Wie kann ich mehr von dem tun, was mir gut tut? Wie kann ich das verringern oder gar ganz aus meinem Leben entfernen, was mir Kraft raubt?

Sich dieser Einflüsse bewusst zu werden, hilft bereits, die Verhältnisse von Energiequellen zu Energieräubern zu verbessern. Du wirst nicht mehr deinem gewohnten Tagesablauf folgen, wenn du merkst, dass dir etwas davon deine Lebensenergie entzieht.

****

Es gibt noch weitere Faktoren, die du über dich in Bezug auf dein Energiemanagement herausfinden kannst. Weißt du denn, welcher **Energietyp** du bist? Auch dieser gibt viel Aufschluss über dein Leben. Wir unterscheiden bei Energietypen zwischen Transmitter, Receptor und Transformer.[27]

Menschen, die Führungspositionen anstreben oder ein Leben in der Öffentlichkeit, sind oft **Transmitter**. Sie sind diejenigen, die gerne Energie ausstrahlen und damit andere in ihrer Umgebung beeinflussen. Sie haben diese einnehmende Präsenz. Kennst du diese eine Person, zu der sich alle umdrehen, sobald sie einen Raum betritt? Jemanden, der gut auf der Bühne stehen, Reden halten und Menschen begeistern kann? Womöglich bist du auch selbst eine solche Energie transmittende Persönlichkeit. Dann ist deine Aufgabe, deine Strahlkraft für das Gute zu nutzen. Manche lernen die Wirkung kennen, die sie auf andere haben und nutzen diese dann zum Schlechten aus. Sie schießen womöglich über ihr Ziel hinaus und merken gar nicht, was sie anrichten. Ein Transmitter, der sich für Liebe und Unterstützung entscheidet, kann jedoch vielen anderen Menschen ein starker Wegweiser sein. Sie sind die geborenen Lichtbringer. Diese Tätigkeit bringt dir automatisch viel Energie, weil das Universum so durch dich wirkt.

Receptor auf der anderen Seite sind äußerst empathisch. Sie fühlen die feinsten Schwingungen, die von anderen ausgehen. Sie merken bereits kleinste Gefühlsschwankungen, oder erkennen zum Beispiel sehr leicht Lügen und genauso gut Aufrichtigkeit. Als Receptor bist du derjenige, bei dem deine

Freunde (oder auch völlig Fremde) Rat suchen. Du hast eine magische Ruhe und Freundlichkeit an dir. Du erkennst auch von dir aus, wenn es jemandem nicht gut geht und sprichst ihn darauf an. Auch bei Gegenständen oder Orten merkst du sofort, wenn etwas nicht ganz richtig ist und du bist empfänglich für leise Botschaften von allem, was da draußen ist. Trifft das auf dich zu? Dann sind deine Kräfte etwas wirklich Besonderes. Sie können dir und deinen Liebsten in vielen Lagen helfen. Wo Receptor jedoch aufpassen sollten, ist, sich nicht zu sehr von den Vibes von außen beeinflussen zu lassen. Nicht jede auf der Welt empfundene Traurigkeit muss zu deiner werden. Receptor-Typen müssen sich immer wieder daran erinnern, höher zu schwingen als die äußeren Einflüsse es manchmal tun. Ihre Energiegewinnung funktioniert, indem sie Zeit mit gut gelaunten, entspannten Menschen oder für sich allein mit einer Tätigkeit verbringen, die ihnen Freude macht. Die Natur, Bewegung und Kunst haben häufig eine gute Wirkung. Mit ihrer empathischen Gabe haben Receptoren die Kraft alles Negative um sich herum zu transformieren.

Dazwischen liegen die **Transformer**. Energetische Transformer vereinen die Fähigkeiten von Transmitter und Receptor in sich: Sie können ein wenig Energie erfühlen und aufnehmen und ein wenig ausstrahlen. Jedoch beides nicht so intensiv wie die beiden Typen am Rand des Spektrums. Vor allem sind die Umwandler Meister darin, ihre eigene Schwingung inklusive Verhalten und Aussagen an die allgemein herrschende Aura anzupassen. Sie fühlen sich leicht in die Situation hinein, erkennen was Sache ist, passen sich an und können, wenn nötig, sogar die präsente Energie abändern.

Ein Transformer wäre in unserer Partysituation also derjenige, der empathisch erkennt, dass die Stimmung unten ist und sie dann durch seine eigene Ausstrahlung hebt. Oder er holt sie wieder auf den Boden, wenn etwas aus dem Ruder läuft. Hast du dazu ein Talent? Der Nachteil des Transformers ist, dass er Empfindungsvermögen und Strahlkraft nicht so stark ausgeprägt hat. Er geht manchmal unter oder hat eine sprunghafte Persönlichkeit. Wenn du als Transformer Energie benötigst, hast du den Vorteil, dass du dich am leichtesten dafür entscheiden kannst. Entscheide dich für Liebe und Frieden. Du kannst mit den richtigen Übungen deine Stimmung genauso leicht verändern wie die von anderen. Positive Affirmationen und Energie-Meditationen sollten dir helfen. Auch Regelmäßigkeit im Alltag hilft, deine Energien zu ordnen, wohingegen zu viel wechselnde Eindrücke dich müde machen können.

Was trifft am besten auf dich zu? Bist du extrovertiert, introvertiert oder ambivertiert, also irgendwo zwischendrin? Denn diese Eigenschaften korrelieren mit den Energietypen. Was viele glauben, was aber nicht stimmt, ist, dass Extroversion besser sei als Introversion oder umgekehrt. Alle drei Typen sind sehr unterschiedlich, aber sie sind gleichgestellt. Am besten funktionieren sie in einem Team, in dem jeder seine Superkräfte einsetzen kann. Jeder von ihnen muss jedoch anders an sein Energiemanagement herangehen. Als Receptor brauchst du Ruhepausen für dich, während du als Transmitter den sozialen Austausch brauchst, um wieder Energie zu tanken.

Unabhängig davon, welchem Typ wir angehören, ist es immer gut, wenn wir aufmerksam durch den Tag gehen und erkennen, wenn uns etwas triggert. Was uns an anderen stört, ist auch von Energietyp zu Energietyp verschieden. Transmitter beispielsweise werden sehr ungern ignoriert. Wann auch immer du merkst, dass dich etwas ärgert und damit aus dem Energiegleichgewicht bringt: Werde dir dem Thema bewusst, bearbeite und transformiere es. Dann kannst du es hinter dir lassen, wie schweres Gepäck, das du nicht mehr mit dir herumschleppen brauchst. Das Universum wird uns immer wieder solche schweren Koffer in die Hand drücken. Es möchte sehen, wie wir damit umgehen und dass wir lernen, sie auspacken und loszulassen. Das ist sie, die Schule des Lebens.

Ich habe noch eine weitere Übung für dich, mit der du deine Energie gezielt verändern und lenken kannst. Die Praxis der Energiewandlung hilft dir, schwierige Situationen zu überstehen und Schmerzen zu heilen, seien sie psychischer oder physischer Natur.

Übung: Energetisches Shapeshifting[27]

Wo tut es bei dir gerade weh? Fällt dir zuerst ein körperlicher Schmerz ein oder etwas Seelisches, das du heilen möchtest? Wenn du an einen physischen Schmerz gedacht hast, dann befindet er sich meist an einer bestimmten Stelle deines Körpers, der Heilung benötigt. Zum Beispiel fühlst du nach einer Verletzung ein Stechen im linken Arm. Ich weiß, es fällt schwer, die Aufmerksamkeit von dieser Stelle loszulösen. Ihre Energie zieht sich durch deinen ganzen Körper und deine Wahrnehmung. Plötzlich tut alles weh, du fühlst dich insgesamt schlecht. Wenn du es jedoch schaffst, deinen Fokus auf die gesunde Seite zu legen, dann wird sich ihre Energie auf die verletzte Hälfte verlagern. Du kannst die heilende Energie durch die Blut- und Nervenbahnen deines Körpers lenken, bis alle Stellen wieder geheilt sind. Genau so funktioniert es auch, wenn es in der Seele weh tut. Wenn du sie mit einer höher schwingenen Energie ausgleichst, wird der seelische Schmerz verschwinden.

1. Entscheide zunächst, welchen schmerzenden Punkt du heilen möchtest.
2. Schließe nun deine Augen und denke an etwas, das dich glücklich macht. Etwas, das dich erfüllt oder jemand, den du über alles liebst. Gehe rein in dieses seelige Gefühl. Lächle dabei, atme tief ein, verkörpere diese hohe Frequenz. Verweile für ein paar Augenblicke in diesem Zustand.
3. Denke jetzt an die Situation, Körperstelle oder das Problem, das eine Verbesserung benötigt. Denke nur neutral daran, ohne in die Gefühle dabei zu gehen.
4. Verlagere mit einem Schlag diese hohe Energie der Glücksgefühle auf den Bereich, der geheilt werden soll. Bleibe in dem Glücksgefühl, dass du gerade zuvor kultiviert hast, während du an das Problem denkst.
5. Atme dabei tief ein und forme dabei diese Stelle intuitiv um. Erweitere sie, lasse sie wachsen. Du nimmst dabei immer weiter die Energie von dem, was hoch schwingt und verlagerst sie einfach auf das, was eingeengt ist. Es gewinnt dabei Energie, denn du gibst sie ihm.
6. Bleibe eine Weile in diesem Fokus. Die beeinträchtigte Seite und die gesunde Seite fangen so an, auf der gleichen Fre-

quenz zu schwingen. Sie synchronisieren sich. Spürst du die Veränderung?

Herzlichen Glückwunsch! Gerade hast du das erste Mal energetisches Shapeshifting gemeistert. Du hast eine niedrigschwingende Energie durch eine höher-schwingende Energie verändert. Selbst wenn noch etwas spürbar ist, sei dir sicher, dass Heilung beginnt. Das darf ein bisschen gefeiert werden! Du kannst diese Übung täglich wiederholen.

***

Wann immer eine Stelle deines Lebens energetisch nicht ganz auf der Höhe ist, gibt es viele kleine Kniffe, die du anwenden kannst.[29]

Zum Beispiel: Technische Geräte in unseren Häusern haben oft eine niedrigere Frequenz. Sie stoßen Störsignale aus. Das zeigt sich auch als unterschwelliges Surren und Rauschen, welche unsere Ruhe und unseren Schlaf stören. Ein Entstörfilter kann Abhilfe schaffen. Und nicht alles auf Stand-by lassen, sondern wirklich mal den Stecker ziehen! Handy aus und weggelegt.

Erdungsmatten für die Füße und die Hände helfen ebenfalls. Die leitenden Materialien erden deine Energie. So unterstützen sie dich energetisch beim Entspannen und bei der Konzentration.

Wenn ich mich mies fühle und merke, dass ich ein paar bessere Vibes gebrauchen könnte, dann verzichte ich eine Zeit lang auf schlechte Nachrichten und negativen Input. Ich schaue dann zum Beispiel einen positiven, glücklichen Film oder höre hoch schwingende Musik. Ich umgebe mich auch eher mit

Menschen, die mich aufmuntern und mir ein positives Gefühl verleihen, als mit solchen, die in der Jammerfalle stecken.

An dieser Stelle sei noch einmal gesagt, dass Input, der niedrig schwingende Themen beinhaltet, nicht für immer verbannt bleiben sollte. Bei der Transformation vom 3D- ins 5D-Bewusstsein ist es wichtig, dass wir uns auf der Stufe dazwischen mit der dunklen Seite von allem beschäftigen.[30] In unserer Fantasie und indem wir Kunst erschaffen oder genießen, können wir unsere dunklen Gedanken ausleben. Vielleicht erinnerst du dich an die Schulzeit, als wir die Gemälde von Malern interpretieren mussten, was sie wohl beim Erschaffen dieser Kunstwerke gefühlt haben. Das gleiche gilt für Musik, viele Lieder handeln von Trauer und verarbeiten Erlebtes der Künstler. So verarbeiten Menschen ihre Themen, ohne dass es wirkliche Folgen hat. Das ist sie wieder, die Schattenarbeit. Sie hilft uns, uns als Ganzes und als Menschen zu akzeptieren, mit all unseren Gelüsten, unserer Wut oder unseren Traumata. Wenn du möchtest, kannst du sehr tief in dieses Thema eintauchen. So gibt es z. B. Seminare der „Heldenreise", in der du dich eine Woche mit anderen an einem schönen Seminarort deinen Schattenthemen widmen kannst.

Was ich dir für jetzt mit an die Hand gebe, ist der Shortcut für die tagtäglichen Probleme, die uns begegnen. Man muss nicht gleich ein großes Seminar besuchen und sich all seinen Themen widmen. Oft reicht es auch, Schritt für Schritt und Tag für Tag. In der folgenden 21 Tage Energie-Challenge findest du daher Übungen, die dich unterstützen, negative Gedanken und Energien in unangenehmen Lebenssituationen zu klären. Du wirst lernen, wie du deine Schwingung schnell und alltagstauglich nach oben bringst. Ganz egal, welche Zitronen das Leben dir entgegen wirft – du wirst Limonade daraus machen. Jede Übung soll dir hilfreich zur Seite stehen. Auch hier gilt wieder, nimm was dir hilft und den Rest vergiss einfach wieder. Sie sind weder eine Hausaufgabe, noch eine Prüfung. Wenn also einmal etwas nicht so funktioniert, wie gewünscht, macht das gar nichts. Erst recht brauchst du dich dafür nicht selbst zu verurteilen. Versuche es einfach an einem neuen Tag noch einmal. Wichtig ist, dass du am Ball bleibst. Mit jedem kleinen Schritt entfaltet sich ihre Wirkung und deine Energie wird ein kleines bisschen stärker.

4.

Die 21 Tage Energie Challenge – Mehr Energie, mehr Wunder

Nun mögen die Energiespiele beginnen, bist du bereit für die Challenge? Die Übungen für die nächsten 21 Tage sind kraftvolle Energierituale, die dir helfen, dein Energiefeld auf eine höhere Frequenz zu heben. Sie sind wie eine große Portion Persönlichkeitsentwicklung. Die Übungen helfen dir, verfestigte Denkmuster aufzubrechen. Sie wirken unterstützend, um bewusster durchs Leben zu gehen. Du kannst die Übungen anschließend auch dann im Alltag anwenden, wenn du dich mal *down* fühlst oder dich einem Problem gegenübersiehst. Es sind einfache Techniken, mit denen du Probleme im Alltag spirituell transformieren und leicht auflösen kannst.

Im Laufe der drei Wochen wirst du vielleicht einiges an emotionalem Ballast loswerden. Deine Chakren werden sich reinigen und energetische Blockaden in deinem Feld verschwinden. Dazu muss gar nicht alles perfekt durchgeführt werden. Es genügt, wenn wir einen Anstoß bekommen, unser Denken zu ändern und damit unsere Gefühle in eine neue Richtung zu lenken. Nach den 21 Tagen wirst du dich bestimmt viel energetischer und befreiter fühlen. Los geht's, Wunder, wir kommen!

Tag 1: Fluchen wie in der Karibik

Gesetzlose Piraten nehmen kein Blatt vor den Mund und genauso wollen wir es auch tun! An diesem ersten Tag dürfen wir uns Luft machen und mal wirklich über alles schimpfen, was uns ärgert. Lass es heraus! Schluck es nicht runter! Was stört dich? Sprich es aus!

Wie genau, das ist dir überlassen. Du kannst Sätze aufschreiben, mit hundert Ausrufezeichen dahinter und in Großbuchstaben. Oder du stellst dich fest auf den Boden und sagst es zu dir selbst. Jage jeden Fluch in Gedanken nach draußen, während du Sport machst. Jeder Fluch ist ein Schlag auf den Boxsack. Schrei es laut über die Wiese! Oder schreib die Sätze auf einen Zettel und verbrenne ihn. Sei gern kreativ – Hauptsache, du fühlst dich danach so frei wie ein Pirat auf den Sieben Weltmeeren!

Aber Achtung: Würden wir länger in der Energie des Fluchens bleiben, ziehen wir weiteres Schlechtes an. Wir sollten es nur als Ärgernis erkennen und uns einfach mal von der Seele schreien. Damit decken wir den Schatten auf und jagen ihn fort, weil wir ihm seine ganze Kraft nehmen. Erzähle deine Flüche also nicht jemand anderem, denn dann verschwinden sie nicht, sondern kommen zu dir zurück, weil dir dein Gegenüber Recht gibt oder selbst etwas ergänzt. Wir wollen nur die Spirale durchbrechen. Also einmal raus und dann nie mehr wieder. Auf nie mehr Wiedersehen!!

Notizen: Was ärgert mich?

Tag 2: Sei ein Seesternwerfer

Kennst du die Geschichte vom Seesternwerfer?[31] Ein Mann machte eine Beobachtung am Strand, die sein Denken und sein Leben für immer veränderte.

Ein Junge lief an besagtem Strand entlang. Dort lagen hunderte Seesterne, die angespült worden waren und jetzt, weil Ebbe war, auf dem Trockenen lagen. Der Junge sammelte einen Seestern nach dem anderen auf und warf ihn zurück ins Meer, damit er überlebte. Der Mann beobachtete den Jungen und dachte, dass diese Tätigkeit nutzlos war. Es lagen doch so viele Seesterne hier herum. Die konnte er unmöglich alle retten, bevor sie von der Sonne verbrannt waren. *„Es hat doch keinen Sinn"*, sagte der Mann daher zu dem Jungen.

Doch der Junge machte weiter, nahm den nächsten Seestern hoch und sagte: *„Für diesen Seestern hier hat es einen Sinn."*

Natürlich schaffte er es nicht, alle Seesterne ins Meer zu werfen. Doch er wusste, dass er mit seiner begrenzten Zeit und Kraft trotzdem etwas bewirken konnte. Jeder Seestern, den er ins Meer geworfen hatte, hatte die Chance auf Leben.

Die Geschichte soll dir zeigen, dass wir alle etwas ändern können, auch wenn es nur kleine unscheinbare Schritte sind. Warum denken wir nicht alle so, wie der kleine Junge am Strand?

Für unsere Challenge heißt das: Nimm dir heute etwas vor, über das du normalerweise klagen würdest und bei dem du denkst, dass man eh nichts ändern könnte, wie z. B. dem Klimawandel. Was hälst du davon, im ersten Schritt ein Buch zu kaufen, das dir zeigt, was man im Alltag für den Klimawandel tun kann – denn die Welt retten, fängt zu Hause an! Dann gehe diesen kleinen Schritt in die richtige Richtung. Es könnte auch eine Spende für einen Zweck sein, der dir am Herzen liegt. Oder der erste Schritt einer großen Tätigkeit, die du schon lange aufgeschoben hast und bei der nur mal der erste Stein ins Rollen gebracht werden müsste. Tu dies heute und beende so den Tag ein kleines bisschen glücklicher und erfolgreicher und vor allem selbstwirksamer.

Notizen: Was kann ich tun?

Tag 3: Jammerfasten

Nachdem wir die Wut losgeworden sind und verstanden haben, warum jeder Schritt in die richtige Richtung gut und hilfreich ist, können wir heute einen Tag lang streng Jammerfasten.

Viel gibt es dazu nicht zu erklären. Sieh es als echte Challenge, die du gewinnen willst: 24 Stunden lang über nichts und niemanden meckern, jammern, klagen, beschweren. Nichts. Niente.

Du kannst erkennen, wenn dich etwas stört. Doch wir werden uns nicht laut oder im Kopf darüber beklagen, sondern es für heute einfach als das hinnehmen, was es ist. Dumm gelaufen, weiter geht's! Viel Spaß damit. Ich verspreche dir, das macht es wirklich.

Und wenn du einmal erlebt hast, wie einfach es ist, die Dinge zu akzeptieren und wie gut es tut, kannst du es doch auch an zukünftigen Tagen wiederholen. Wie wäre es mit von jetzt an einem jammerfreien Tag jeden Monat? Wäre das nicht ein cooler Vorsatz?

Falls du dich heute in Situationen wiederfindest, wo andere jammern, meckern, klagen und sich beschweren – entferne dich aus dieser Situation oder bitte um Rücksicht auf deine Jammerdiät :-)! Vielleicht entschließt sich dein Gegenüber ja sogar mitzumachen, weil du ihn/sie damit positiv inspiriert hast.

Notizen: Um deine Jammergedanken aus dem Kopf und aus dem Sinn zu bekommen, kannst du sie gerne hier aufschreiben, wenn sie auftauchen.

Tag 4: Sei ein Leuchtturm

Nach dem erholsamen Tag des Jammerfastens kommen wir noch einmal zurück zum Bild vom Strand und vom Meer. Ohnehin eine Szenerie, die auf mich immer eine unglaubliche Ruhe und gleichzeitig eine Vorfreude auf das Leben auslöst. Wir wissen noch aus den vorherigen Kapiteln, dass wir unsere Frequenz ausstrahlen und damit unsere gesamte Umgebung beeinflussen.

Für heute nehmen wir uns vor, unsere hohe Energie mit jemand anderem zu teilen. Wir strahlen sie nach draußen, wie ein Leuchtturm, der am Wasser Schiffen den Weg weist und ihnen ein Zeichen der Hoffnung gibt, dass Land in Sicht ist. Die Übung kann so einfach sein, wie jemanden auf der Straße freundlich zu grüßen oder nett anzulächeln. Wir können auch eine nette Nachricht versenden oder jemand ein Kompliment machen. Eine super Methode, um die eigene Frequenz sowie die von jemand anderem zu erhöhen, ist, einen kleinen Gefallen zu tun. Psychologisch betrachtet, steigt unser eigenes Glücklichsein dann genauso wie bei demjenigen, dem geholfen wurde.

Was ist deine kleine, hell strahlende Tat, die du heute vollbringen möchtest? Diese Tat wird vom Inneren deines Herzens nach außen strahlen und allen in Seenot den Weg leuchten.

Notizen: Was kann ich tun?

Tag 5: Du musst es nicht immer allen recht machen

Im Flugzeug heißt es immer, man solle zuerst die eigene Sauerstoffmaske aufsetzen und erst dann anderen helfen. So ist es auch in jeder anderen Lage. Wir brauchen es, lebensnotwendige Luft zu atmen, müssen Energie tanken, aus der Gefahr heraus sein. Nur dann haben wir die Kraft, anderen zu helfen.

Jemandem einen Gefallen zu tun, tut gut. Doch es macht einen gigantischen Unterschied, ob wir weiterhin unsere eigenen Bedürfnisse berücksichtigen oder ob wir sie für andere Menschen vernachlässigen. Wenn ich Zeit habe und fit bin, dann ist es kein Problem, jemand anderem zu helfen. Dann wird es mir einen Boost geben. Wenn es mir aber selbst schlecht geht, ich keine Kraft mehr habe, dann muss ich mich erst um mich selbst kümmern. Selbstliebe ist nicht egoistisch.

Fällt dir etwas ein, um das dich jemand gebeten hat, das dir aber schon beim Gedanken jegliche Energie und Motivation raubt? Etwas, wofür du eigentlich überhaupt keine Zeit und Nerven oder überhaupt die Kenntnisse hast? Dann fass dir ein Herz und sage für diese Tätigkeit ab. Entschuldige dich ehrlich und sage bestimmt, dass es nicht geht. Wenn der andere es nicht akzeptiert, möchte er dich ohnehin bloß ausnutzen. Wahre Freunde oder auch gute Kollegen verstehen, dass du keine Maschine bist und auch einmal Nein sagen darfst. Fühlst du, wie sich tausend Kilogramm Gewicht von dir heben und du dich automatisch etwas leichter fühlst?

Wenn für heute keine solche Aufgabe ansteht, kannst du es generell zu einem Tag des Nein-Sagens machen. Achte heute auf deine Bedürfnisse und kommuniziere sie, wann immer jemand etwas von dir möchte.

Notizen:

Tag 6: Die Karotte der Selbstverurteilung

Ist dieser Titel etwas verwirrend? Ja, das ist mir auch aufgefallen. Aber ich denke gerade an dieses Bild, bei dem ein Mensch oder Tier eine Apparatur auf dem Kopf hat, die dafür sorgt, dass immer eine Karotte (oder ein anderer Leckerbissen) vor der Nase herum baumelt. Doch so sehr sich derjenige auch abmüht, er wird nie bei der Karotte ankommen. Die Distanz bleibt immer und die Frustration auch, selbst wenn der Läufer in der Zeit schon mehrfach die Erde umrundet hat, jeden Ort erreicht hat, an dem er je sein wollte.

Träume zu haben, ist etwas Schönes, wenn sie unserer Intuition entspringen und uns motivieren. Doch viel zu oft verbinden wir unser Glücklichsein mit dem Erreichen eines bestimmten Ziels. Wir denken, wenn wir dies oder das geschafft haben, dann ist endlich alles perfekt. Bis wir dort ankommen, sehen wir uns selbst als nicht gut genug. Denn wir haben ja noch nicht erreicht, was uns zu einem guten, erfolgreichen Menschen macht, obwohl es doch so viele andere schon geschafft haben. Wir fallen dann schnell in ein Muster aus Selbstverurteilung. Als ob wir zu langsam oder schlicht nicht gut genug wären für unseren Traum.

Wenn wir aber aus diesem Schatten heraustreten und merken, dass an unserer jetzigen Position nichts falsch ist (sie ist nur ein Zwischenschritt auf unserer Lebensreise), dann fühlen wir uns leichter und nicht mehr unzulänglich. Dann sind wir im Hier und Jetzt glücklich, mit der Einstellung „Der Weg ist das Ziel". Schon wird das, was wir anstreben, weniger wichtig.

Klar, es wäre immer noch cool, dort anzukommen. Doch es ist keine Bedingung mehr für eine hoch schwingende Frequenz der Freude. Die können wir schon jetzt fühlen, während wir mit Feuereifer unterwegs sind. Der Knackpunkt ist nämlich der: Wir nehmen unsere Frequenz der Separation vom Glück überall mit hin, wie die Stange über unserem Kopf mit der Karotte. Wir kommen dann am alten Ziel an und haben schon das nächste vor Augen, das genauso weit weg ist und werden uns nie erlauben, das Glück zu fühlen.[32]

Die Übung für heute: Fass dir an den Kopf und nimm die Karotte herunter. Freu dich über alles, was du schon geschafft hast. Schreibe dir auf, was du bereits erreicht hast und worauf du jetzt in diesem Moment stolz sein darfst. Sei stolz auf dich und gib dir selbst die Anerkennung, die du verdient hast. Wie wäre es heute mit einer Belohnung für dich?

Notizen:

Tag 7: Coffee Self Talk Magic

Heute ist Raum für ein paar warme und positive Affirmationen am Morgen. Oder wann immer du deinen Kaffee trinkst.

Es gibt eine schöne, kleine, magische Übung dafür, mit der du deinem Leben Tag für Tag Magie einhauchen kannst. Es ist super einfach und schmeckt auch noch gut. Das Geheimnis trägt den Namen „Coffee Self Talk“[33], übersetzt „Kaffee-Selbstgespräch“. Ja, das hört sich erst einmal kurios an. Es geht um Folgendes:

Wir reden sowohl in Gedanken als auch nach außen viel zu negativ über uns selbst. Auch dann, wenn wir uns eigentlich viel Gutes zureden, vergiftet jeder selbstkritische Gedanke diese Einstellung wieder. Wie, wenn eine einzige schlechte Kritik zu deinem Business die Wirkung von zehn Positiven zunichte machen kann. Außerdem wissen wir inzwischen, dass alles, was wir über uns selbst sagen, zur Wahrheit wird. Nach dieser Logik kann unser Leben nur spitzenmäßig werden, wenn wir nur noch spitzenmäßige Dinge zu uns selbst sagen.

Der erste Schritt heute ist, dir deine persönlichen positiven Affirmationen aufzuschreiben. Beim Coffee Self Talk geht es viel um Selbstliebe. Diese ist immer gut für unsere Energiefrequenz, denn sie macht dich unabhängiger von den Meinungen und schlechten Einflüssen anderer. Gleichzeitig gibt sie uns Kraft für die Challenges des Lebens. Für deinen Energieschub könntest du dir bei jedem Schluck Kaffee zuflüstern:

„Ich bin stark, ich bin eigenständig,
ich kann alles erreichen, was ich möchte!“

Oder: „Ich liebe mich selbst und ich bin liebenswürdig für andere."

Oder: „Ich sprudele heute über vor Kreativität und ich setze meine Ideen unaufhaltsam in die Tat um."

Vielleicht hast du auch schon eine Liste von positiven Glaubenssätzen / Affirmationen aufgeschrieben. Integriere sie immer in das Ritual deines täglichen Wohlfühlgetränks. Kopple diese beiden Tätigkeiten miteinander. Denn darin liegt der Trick dieser Methode: Du verbindest die stärkenden Sätze mit einer Sache, die du sowieso schon täglich tust und auf die du dich jedes Mal wieder freust. Das Paradebeispiel dafür ist die erste Tasse Kaffee am Morgen. Schmeckt sie nicht unfassbar gut? Genieße jeden Schluck, fühle die belebende Energie dabei und spreche dabei deine stärkenden Sätze aus. Falls du eher der Teetrinker bist oder dir jeden Morgen einen Smoothie machst, funktioniert das genauso gut. Durch die tägliche Wiederholung und die positive Verbindung programmierst du dein Gehirn neu. Die Sätze werden deine neue Wahrheit. Ihre Magie kann beginnen.

Fange direkt an, indem du dir einen leckeren Latte Macchiato oder etwas ähnliches zubereitest und sage dir bei jedem Schluck, wie großartig du bist. Falls dir das komisch vorkommen sollte, brauchst du es erst recht. Denn dann erkennst du, dass ein limitierender Glaubenssatz in dir steckt (dass du nicht großartig wärst), der erst gelöst werden möchte.

Notizen: Meine „Coffee Self Talk" - Affirmationen

Tag 8: Leichtigkeit durch Vergebung

Kennst du das, wenn du noch lange Zeit, nachdem dir jemand Unrecht getan hat, auf diese Person wütend bist? Denn was sie getan hat, war eigentlich unverzeihlich? Das mag aus moralischer Sicht so sein. Aber wenn du ewig den Groll hegst und pflegst, kannst du nie frei sein. Egal, wie viel Erfreuliches in deinem Leben passiert, du wirst nicht über ein gewisses Energielevel kommen, wenn in deinem Energiefeld noch alte Wut und Enttäuschung vibrieren. Nach den Gesetzen der Widerstandslosigkeit und des Karmas wird es nun also Zeit, nicht nur sich selbst um Vergebung zu bitten, sondern auch anderen Menschen aus deinem Leben zu vergeben. Sie haben nicht in böser Absicht gehandelt, sondern wussten es nicht besser.

Wenn du akzeptierst, dass etwas so ist, wie es ist, wenn du nicht mehr dagegen kämpfst, sondern den Auslösern verzeihst und nach vorne blickst, dann wird alles wieder möglich. Dann kannst du durch diese Portal treten und auf einer neuen Zeitlinie beginnen. Dabei ist es nicht wichtig, ob du nur dem anderen Verkehrsteilnehmer vergibst, der dir die Vorfahrt genommen hat. Oder deinen Eltern, die dir in deiner Kindheit viel Leid bereitet haben. Wahrscheinlich tut es ihnen selbst leid, doch sie wissen nicht, was sie nun tun können. Selbst wenn nicht, kannst und darfst du ihnen vergeben, um selbst wieder freier leben zu können. Du hast die Chance, es besser zu machen, statt aus der Verletzung heraus ihre Muster zu übernehmen. Gib dir diese Chance. Wut und Ärger schaden immer nur demjenigen, der es mit sich herumträgt. Eine medizinische Studie hat sogar gezeigt, dass wahre und vollkommene Vergebung, bei der wir sogar Empathie für den fühlen, der uns verletzt hat, dazu führt, dass wir auf der gleichen Frequenz schwingen wie Mönche, die ihr Leben lang meditiert und ihre innere Ruhe bereits gefunden haben. Gehirnscans zeigten die Übereinstimmung sobald die Versuchsperson den Menschen vergeben hat, bei denen es ihnen am schwersten gefallen ist. Was nach ihrer vollkommenen Vergebung kam, war eine Zeit des puren Glücks und Erfolgs.[34]

Wir möchten an diesem Tag also allen Menschen vergeben, die uns einmal Unrecht getan haben. Nimm dir dafür Zeit. Zünde dir eine Kerze an und setze dich gemütlich hin. Schreibe mit Zettel und Stift eine Liste der Personen, denen du verzeihen möchtest. Visualisiere jede Person einzeln vor dir, nacheinander und sage ihr, was du ihr sagen möchtest. Je nachdem, wie tief der Schmerz sitzt, kann diese Übung sehr emotional werden. Tränen können aufsteigen. Doch das ist gut, denn mit ihnen übergibst du deinen Schmerz an deine Engel oder an das Universum. Selbst wenn die andere Person 95 % Schuld hatte an der Situation, konzentriere dich nun auf die 5 % für die du Eigenverantwortung übernehmen kannst, denn nur so kommst du aus der Opferrolle heraus. Frage dich, wie kannst du der Situation beigetragen haben? Hier stecken wichtige Informationen für dich drin, wenn du beginnst, das Thema auszupacken. Wo hast du z. B. keine Grenzen gesetzt, wann hast du nicht ehrlich kommuniziert, was du fühlst, wo hast du dich nicht authentisch verhalten? So kommst du zu einem Lern- und Aha-Effekt und es fällt dir leichter, der anderen Person und dir selbst zu vergeben. Nimm das Gelernte mit in deine Zukunft, denn nun kann es dir nicht noch einmal passieren.

Notizen: Wem kann ich vergeben?

Tag 9: Im Segensrausch

Nachdem wir allen vergeben haben, können wir noch einen Schritt weitergehen: Wir können alles und jedem, dem wir begegnen, einen von Herzen kommenden Segen mit auf den Weg geben.

Segnen ist die mächtigste Methode, um alles Negative, das um uns herum schwingt, aufzulösen. Es ist sehr wörtlich gemeint und benötigt wohl etwas Überwindung, weil wir diese Art von Formulierung nicht gewohnt sind. Im Grunde geht es so:

„Ich segne dich mit Gesundheit, Liebe, Fülle und Freude.
Es ist wundervoll, dass es dich gibt und dass du hier bist."

Formuliere es so, dass es sich für dich gut anfühlt. Wenn wir unseren Drang, über solche Worte zu lachen, fallen lassen, dann strömt die gesamte hochenergetische Kraft durch den Gesegneten und durch den Segnenden. Eine fantastische Win-Win-Situation. Es ist außerdem wie die nächst höhere Stufe über der Dankbarkeit und die ist ja schon richtig kraftvoll. Wie schön wäre die Welt, wenn wir uns häufiger solche Worte schenken würden!

Gerne kannst du noch hinzufügen:

„Möge der Segen über dir bleiben,
morgen, übermorgen und an jedem Tag in deinem Leben."

Keine Angst, es reicht, wenn du das Segnen in Gedanken machst, dafür muss die Person nicht einmal anwesend sein. Ich denke z. B. oft einfach, ich segne dich mit Licht und Liebe.

Nimm dir nun die Liste von gestern vor und segne alle Menschen, Themen und Situationen, die dir noch schwer auf dem Herzen liegen.

Was dich ganz besonders weiterbringt ist, wenn du das Geld segnest, das du gegen wundervolle Dinge eintauschst. Bedanke dich bei ihm, wenn du es ausgibst, weil es dir so viel ermöglicht. Wenn du dieses Ritual täglich durchführst, wird dich das Universum mit weiterem Geld segnen, da du gelernt hast, es zu schätzen statt es zu fürchten.[35]

Notizen:

Tag 10: Energie freisetzen

Gibt es eine Emotion, die sich wie ein Schmerz in deinem Körper festgesetzt hat? Eben etwas, das an dir und deiner Psyche „nagt"? Wir werden die Energie dieser Emotion über die Bahnen deines Körpers nach außen ableiten. Dabei wirst du regelrecht spüren, wie das, was dich stört, aus dir heraus fließt, um sich dann aufzulösen.

Wo in deinem Körper spürst du die belastende Emotion? Falls du z. B. auf jemand wütend bist, kannst du in dich hineinhorchen und deinen Körper fragen: *„Wo in meinem Körper ist diese Wut?"*. Dann achte auf jede kleinste Regung deines Körpers. Höre auf deine Intuition, um zu erfahren, wo sie liegt. Dann lege deine Hand auf diese Stelle. Was genau fühlst du dort? Kannst du die Gestalt des Schmerzes auch vor dir sehen? Was sind seine Eigenschaften? Ist er dunkel und träge? Oder stechend grell? Welche Bilder kommen hoch?

Wenn du ihn klar wahrnimmst, denke darüber nach, was in dir steckt, das diesen Schmerz verursacht. Es kann eine Erinnerung sein, eine vertraute Emotion, ein Glaubenssatz. Du nimmst den Schmerz wahr, doch was liegt dahinter? Woher kommt es, dass du so fühlst? Du kannst wieder deinen Körper fragen, um Antworten zu bekommen: *„Körper, was möchtest du mir damit sagen?"*

Wenn du es verstanden hast, dann leite diese Energie nun aus deinem Körper heraus. Deine Hand liegt immer noch auf der Stelle und über diese fließt die Energie dann ab. Du kannst dazu den Satz sagen: *„Ich löse diese Energie von mir und schicke sie* *ins Universum.*" Beobachte, wie sie sich durch deinen Körper nach außen bewegt. Wo fließt sie entlang? Spüre es in den Energiebahnen deines Körpers. Fließt sie immer weiter, bis nach draußen, und verschwindet? Bleibt sie stehen? Falls sie stehen bleibt, öffne deine Bahnen gedanklich noch weiter und wiederhole gern noch einmal den Satz: *„Ich löse diese Energie von mir und schicke sie ins Universum.*" Fühlst du jetzt, wie sie deinen Körper über die Hände verlässt, oder über die Füße oder aus deinem Herz heraus? Wenn ja, dann lass sie ziehen. Und falls es doch etwas länger dauert, wiederhole die Übung beliebig oft. Am Ende solltest du dich leichter und befreiter fühlen.[36]

Notizen: Was habe ich gefühlt?

Tag 11: Der Dankbarkeitsbrief

Jeder von uns hat schon so häufig gehört, dass Dankbarkeit ein wichtiger Schlüssel zu Glück und Zufriedenheit ist. Manchmal fällt es uns ja auch leicht, dankbar zu sein. An anderen Tagen ist es eher schwer. Trotzdem gibt es immer etwas, wofür wir dankbar sein können, wir nehmen es einfach nur als selbstverständlich wahr. Jeder Freund in unserem Leben und jede warme Mahlzeit und jede Münze in meiner Tasche sind etwas unfassbar Wertvolles. Wir leben in Fülle und sehen es nicht. Das liegt wieder darin begründet, dass unser Gehirn sich lieber mit Sorgen und Problemen beschäftigt, die es zu lösen versucht.

Dann gibt es noch die vielen Gelegenheiten, in denen wir „Danke" nur als Floskel sagen, weil es uns so beigebracht wurde. Das ist schade, denn jede nicht ernst gemeinte Floskel ist eine verpasste Chance, meinen Tag sowie den meines Gegenübers schöner zu machen. Dankbarkeit hat eine so hohe positive Energie, dass sie ein wahrer Wundermagnet ist.

Ihre Wirkung überträgt sich auf alles, dem wir Dankbarkeit entgegenbringen. Bei einem Experiment wurde jungen Samen und Keimen Dankbarkeit entgegengebracht.[37] Dafür, dass sie einmal wunderschöne Pflanzen hervorbringen werden. Andere Samen wurden ignoriert, wieder andere wurden schlecht gemacht, also mit dem Gegenteil von Dankbarkeit behandelt. In nur 10 Tagen zeigte sich ein deutlicher Unterschied in ihrem Wachstum. Die Forscher konnten es selbst kaum fassen, sahen es aber vor ihren Augen.

Selbst Depressionen und Angststörungen können durch Dankbarkeit gelindert werden. Das wurde unter anderem wissenschaftlich erwiesen als eine Gruppe von Personen, die unter Depressionen litt, tägliche Dankesbriefe schrieb.[38] Die Verwendung von positiven Worten in den Briefen hat für ein besseres Gefühl gesorgt, sowie das Wissen, dass sie mit allem versorgt sind, was sie brauchen. Ob die Briefe an jemanden verschickt wurden oder nicht, hatte keinen Einfluss auf die Wirkung.

Diesen Effekt werden wir uns jetzt zunutze machen: Schreibe heute einen Dankbarkeitsbrief, der von Herzen kommt, an eine Person, die du kennst. Du musst ihr diesen Brief nicht schicken, kannst es aber natürlich tun. Es geht bloß darum, die Übung so konkret und persönlich und aufrichtig wie möglich zu machen, daher der reale Empfänger.

Erzähle dieser Person, was du gerade alles im Leben hast, wofür du dankbar bist, oder es eigentlich sein solltest, wenn du nicht die Augen davor verschließen würdest. Du hast schon so vieles erreicht. Sag der Person auch, warum du dankbar für sie bist und dass sie ein wichtiger Teil deines Lebens ist.

Notizen:

Tag 12: Surf Your Inspiration[39]

Wir kommen wieder zur Spielregel des vollkommenen Selbstausdrucks. Sie erlaubt dir, das zu tun, was dir am meisten Freude bereitet und genau dadurch erfolgreicher und glücklicher im Leben zu sein. Viele von uns denken, Erfüllung müsste man sich durch harte Arbeit, Verzicht oder gar Leid verdienen. Ich durfte erfahren, dass ich die meiste Energie spüre, wenn ich meine Leidenschaften auslebe. Das heißt, dir wird es leichter fallen, Glück zu manifestieren, wenn du deinem Herzen folgst und mehr von dem tust, was dir wirklich Freude bereitet.

Bei welcher Tätigkeit kommst du in den absoluten Flow? Alles scheint von allein zu gehen und du verspürst nichts als freudige Aufregung dabei. Das kann für dich eine Sportart sein, Reisen, Kochen, Schreiben oder ein Handwerk, dein Beruf, dein Studium, Zeit mit einem bestimmten Menschen zu verbringen, Forschung oder eine ehrenamtliche Tätigkeit. Ganz gleich, was es ist, wenn du es schon herausgefunden hast, dann ist heute der Tag, um genau dieser Leidenschaft nachzugehen. Alltagsstress hin oder her. Erlaube es dir, dir dafür Zeit zu nehmen.

Falls du noch im Glaubenssatz hängst „Erst die Arbeit, dann das Vergnügen“, kann dir folgende Info helfen: Sobald du deiner Inspiration folgst und auf dieser einzigartigen Welle surfst, trittst du in Verbindung mit dem Universum. Die Inspiration sprudelt in diesem *State of Mind* nur so aus dir heraus und dir fallen Lösungen für deine Probleme ein. Oder sie verlieren ihre Bedeutung, weil doch eigentlich alles gut ist. Deine hohe Frequenz breitet sich wie ein Magnetfeld um dich herum aus und sorgt dafür, dass es auch auf andere Lebensbereiche überschwappt.

Mir geht es oft beim Segeln und Windsurfen so, dass ich komplett im Moment sein kann und voller Glücksgefühle wieder an Land komme. Spontan habe ich dann Geistesblitze, die die Arbeit betreffen oder neue Ideen, die mich weiterbringen.

Falls du deine Leidenschaft noch nicht gefunden hast, kannst du jederzeit danach fragen. Sei offen und frage wirklich mal das Universum: *„Liebes Universum, hilf mir, meine Inspiration zu finden. Was ist es, wofür ich geboren bin? Was könnte mir total viel Spaß machen?“* Dann geh mit offenen Augen durch die Welt und vielleicht wirst du schneller als gedacht, inspiriert neue Dinge ausprobieren.

Notizen: Meine Leidenschaften sind …

Tag 13: Die Kunst des Gebens

Heute machen wir etwas Leichtes, das nicht viel Erklärung benötigt. Wir erfreuen uns an der Kunst des Gebens. Jemand anderem eine Freude zu bereiten, ist eines der schönsten Gefühle überhaupt. Diese Frequenz liegt über der Dankbarkeit und dem Optimismus.

Sicher warst du schon einmal unterwegs und hast etwas gesehen, von dem du dachtest: Meinem Partner, meinem Kind, meinem besten Freund etc. könnte das gut gefallen! Dann hast du es mitgenommen, um zu sehen, wie sich derjenige ehrlich darüber freut. Ohne weiteren Anlass oder Erwartungen. Auch in meinem Geldwunder-Buch habe ich ganz praktisch davon erzählt, wie wir nur neues Geld erhalten können, wenn wir auch bereit sind, welches selbstlos zu geben. Mit Gegenständen ist es genauso wie mit Segensworten oder Geldscheinen. Wenn ich etwas gebe, dann erhalte ich viel mehr als seinen Wert zurück. Ich erhalte Glück. Geteilte Freude, die zur doppelten Freude wird. Das tiefgehende Gefühl, etwas Gutes getan zu haben. Wer von Herzen gibt (nicht aus Pflichtgefühl), der katapultiert seine Energiefrequenz regelrecht nach oben.

Überlege dir heute also, wem du eine kleine Freude bereiten könntest, indem du ihr oder ihm etwas schenkst. Es braucht nichts Großes zu sein, kann aber gerne, wenn du es möchtest. Es kann etwas sein, das euch beide verbindet und eine gemeinsame Erinnerung hervorruft. Oder etwas, das dem anderen das Leben erleichtert. Oder einfach etwas Lustiges, nur zur Unterhaltung. Manchmal genügt auch schon ein Lächeln, um einen Mehrwert im Leben eines anderen zu schaffen, der schon länger keine Freude mehr verspürt hat. Es geht darum, den anderen durch eine noch so kleine Geste des Gebens aufrichtig glücklich zu machen. Und durch den Akt des Gebens wirst du selbst glücklich. Denn Geben und Nehmen stehen im Universum immer in Balance: Was du gibst, das erhältst du auch zurück.

Notizen:

Tag 14: Energie tanken

Es scheint paradox, doch wenn wir uns müde fühlen, ist genau der richtige Zeitpunkt für Sport. Das wissen wir, doch manchmal ist ein kleiner Stupser nötig. Du brauchst keine Höchstleistung erzielen. Es geht nur darum, sich danach besser zu fühlen. Das funktioniert ganz von selbst, denn bei körperlicher Betätigung werden sowohl Dopamin und Serotonin als auch Endorphin ausgeschüttet – die geballte Ladung Belohnungs-, Beruhigungs- und Glückshormone.

Kurz nach dem Training ist der Kick am höchsten. Über Schmerzen, das Wetter und körperliche Einschränkungen jammern wir heute übrigens nicht. Also los geht's. Es stehen mindestens 15 Minuten Sport auf dem Plan! Tanze frei durch dein Zimmer zu fröhlicher Musik. Du kannst auch eine Yoga oder Qi-Gong Routine machen, eine Wanderung im Wald oder ein paar Bahnen schwimmen. Indoor-Sport ist pragmatisch. Doch es ist die Natur, die uns die meiste Fülle gibt. Sie erdet uns und schenkt zugleich Lebensenergie. Über unsere Füße verbinden wir unseren Körper mit der elektrischen Energie der Erde. Wir werden wortwörtlich „geerdet", spüren die Harmonie von Mutter Natur, wenn wir unsere Hände oder Füße für sie öffnen.

Wenn du draußen unterwegs bist, reibe doch einmal deine Handflächen aneinander. Das aktiviert deine Energieaufnahme-Kanäle. Halte sie dann an einen Baum und fühle seine Stärke, die aus dem Erdreich, aus der Luft und von der wärmenden Sonne kommt. Wenn dir danach ist, umarme den Baum. Ist kein Baum in der Nähe, halte deine Hände nach dem Reiben offen nach oben. Stehe unter freiem Himmel und fühle, wie die Energie der Natur in deine linke Hand hineinfließt und deine Müdigkeit und dein Schmerz aus der rechten Hand heraus fließt. Alternativ kannst du auch barfuß laufen, um negative Ionen aus der Erde aufzunehmen, die antioxidativ in deinem Körper wirken.[40]

Notizen:

Tag 15: Der Sorgentrick[41]

Unsere dreiwöchige Energie Challenge bekommt viel mehr Power, wenn wir nicht mehr durch unsere Sorgen aus der Bahn geworfen und energetisch wieder herunter gezogen werden. Dafür lernen wir, mit ihnen so umzugehen, dass sie nicht mehr zum Energieräuber werden.

Unser Gehirn meistert Gefahren, indem es diverse ausgedachte Szenarien durchgeht. Auch beim Spielen und teilweise beim Träumen geht es darum, sich in eine andere Lage hineinzuversetzen und dann zu schauen, wie man handeln würde. Das gleiche gilt für unsere Faszination für Kriminalserien: Wir möchten vorbereitet sein, alles Schlechte kennen, um ihm nicht zum Opfer zu fallen. Unser Gehirn geht dabei sogar so weit, dass es sich völlig unmögliche Situationen ausdenkt, nur um auch für diese eine Lösung parat zu haben. Manchmal erzählt es diese Storys sogar nur aus Spaß, um sich an ereignislosen Tagen beschäftigt zu halten. Der Haken an der Sache ist: Unser Bewusstsein kann die ausgedachten Probleme nicht von realen unterscheiden. Wir sehen mit unserem Ego plötzlich überall echte Gefahren lauern und verzweifeln, wenn uns (bzw. unserem übereifrigen Denkorgan) nicht direkt die Rettung daraus einfällt. Wenn wir dann in endlose Sorgenkreisläufe fallen, machen wir uns selbst deswegen fertig. Wir zwingen uns, sie zu ignorieren oder positiv zu denken, denn sich übermäßig Sorgen zu machen ist ja schlecht … eine ewige Abwärtsspirale beginnt. Und wir wissen alle, dass man sofort an einen rosa Elefanten denkt, wenn jemand uns sagt, dass wir eben nicht an einen solchen rosa Sorgen-Elefanten denken sollen. Ihn zu verdrängen, wird nicht funktionieren.

Trickse heute einen Verstand aus. Du wirst die Sorgen zwar nicht loswerden, aber ihnen ihre erstarrende Energie nehmen. Wenn du dich heute beim Sorgen machen erwischst, notiere sie dir jedes Mal irgendwo. In einem Journal oder wenn es schnell gehen muss auf einem Notizblock, einer Datei oder im Handy. Dadurch machst du dir präsent, wie viel du eigentlich am Tag in wie viele verschiedene Szenarien verfällst und gleichzeitig schreibst du dir deine Gedanken von der Seele. Meist werden sie dadurch schon verarbeitet und ad acta gelegt. Aus den Augen (oder in dem Fall aus dem Kopf) aus dem Sinn. Dieser Sorgentrick ist tatsächlich schon ausreichend für deinen Verstand, um diese Gedankenspirale erst einmal Ad Acta zu legen.

Notizen:

Tag 16: Tiefseelentauchen[42]

Heute möchte ich dir eine Geschichte erzählen: Es war einmal ein Mönch, der öfter mit seinem Boot auf den See fährt, um dort in der Stille zu meditieren. Eines Tages, nach einiger Zeit in ungestörter Meditation, bemerkt er plötzlich, wie ein anderes Boot an seines stößt. Immer noch mit geschlossenen Augen fühlt er, wie Wut in ihm aufsteigt und er ist schon bereit, den anderen Bootsfahrer anzuschreien, dass er doch besser aufpassen soll. Doch als er die Augen öffnet, sieht er, dass das andere Boot leer ist. Der Wind hatte scheinbar die Leine gelöst, so dass es auf den See getrieben ist. In diesem Moment hat der Mönch verstanden, dass die Wut in ihm ist und nur durch einen äußeren Reiz getriggert wurde. Von nun an erinnert er sich jedes Mal, wenn ihn jemand irritiert oder wütend macht: „Es ist nur ein leeres Boot. Die Wut ist in mir."

Wir alle kennen solche Triggermomente, in denen uns etwas unfassbar stört und irrational reagieren lässt. Sie bringen uns aus der emotionalen Balance und zeigen uns Verletzungen unserer Seele. Um in solchen Momenten wieder das Gleichgewicht zu finden, gehen wir heute Tiefseelentauchen.

Werde dir zunächst deiner typischen Trigger bewusst. Schreibe jetzt auf:

- Was triggert oder ärgert dich jedes Mal, wenn es jemand tut oder sagt?
  (Zum Beispiel, wenn deine Kollegen immer länger Pause machen als zu arbeiten und alles an dir hängen bleibt?

Wenn dir jemand körperlich zu nahe kommt? Wenn dein Partner sich nicht für das interessiert, was du zu erzählen hast? Wenn deine Eltern ein bestimmtes Thema ansprechen. Oder das Geschrei der Nachbarskinder?)

- Füge der Liste nun deine typischen Reaktionen auf jeden Trigger bei.

Akzeptiere jeden Trigger, den du gefunden hast, als solchen. Fühle und erkenne den Schmerz, den er in dir auslöst. Dann geh einen Schritt tiefer um herauszufinden, *warum* es dich stört.

- Welches Verhalten würdest du dir stattdessen wünschen? Warum? Was würdest du jetzt vielleicht gerne selbst tun können? Wenn du deinem Gegenüber erklären sollst, warum er oder sie dies nicht mehr tun soll, welche Begründung nennst du? Sind vielleicht schlechte Erinnerungen damit verbunden oder werden dir eigene Fehler bewusst? Geht das Verhalten gegen deine inneren Werte und Überzeugungen? Kommunizierst du deine Grenzen nicht? Fühlst du dich nicht akzeptiert, gesehen, angenommen, geliebt etc.?

Mit diesen Fragen, die du auf jeden Punkt deiner Liste anwendest, kannst du den Ursprung des Triggers in deiner Seele finden. Steckt vielleicht wieder ein komischer Glaubenssatz darunter? Wenn er in Zukunft noch einmal auftaucht, bist du schlauer. Du weißt vorher schon, was kommt (auch körperlich) und kannst dich auf deine eigene Reaktion vorbereiten.

Notizen: Was triggert mich?

Tag 17: Relax und Release[43]

Die Relax und Release-Technik von Michael Singer ist eine meiner liebsten Übungen. Sie passt gut für den Tag nach dem Tiefseelentauchen, denn sie hilft uns, die in unserer Seele festsitzenden Gedanken und Gefühle aus unserer Vergangenheit loszulassen. Wenn eine schlechte Erfahrung nämlich zu lange festsitzt, oder wir sie zu verkrampft festhalten wollen, blockieren wir unseren Energiefluss. Mit dieser Übung machen wir den Weg wieder frei und ermöglichen neue Gedanken statt ständiges im Kreis drehen.

Nimm vielleicht einen Trigger von gestern oder ein emotionales Ereignis. Beobachte deine negativen Gedanken dazu. Werde dir bewusst: Du bist nicht dein Gedanke, du bist die Essenz, die beobachtet, wie du diesen Gedanken denkst. Geh in die Beobachterposition. Beobachte nun das Gefühl, das diesen Gedanken begleitet. Sei es Angst, Eifersucht oder Neid ... beobachte, wie oder wo diese Gefühle in deinem Körper wirken.

Schaue auf dieses „Drama“ einfach nur, als wenn du einen Film anschauen würdest, ohne dass es dich berührt. Während du beobachtest, entspanne dich. Relax.

Lass los, geh in deiner Beobachterposition nun einen Schritt zurück und schau auf den Gedanken/das Gefühl herab oder aus der Ferne zu. Damit gibst du der Energie den nötigen Raum, sich zu entladen. Ich stelle mir z. B. vor, wie ich in mein Höheres Selbst gehe, was über mir schwebt und dort in einem Sessel in Beobachterposition sitzt. Wenn du sensibel bist, kannst du sogar spüren, wie die Energie in dir aufsteigt und raus will. Das ist nicht immer angenehm, denn das Ursprungsereignis war nicht angenehm, sonst hättest du es ja nicht unterdrückt. Wenn dein Herz weh tut oder du weinen musst, lass es geschehen. Das ist die Energie, die sich entlädt.

Wenn der Gedanke und das Gefühl immer noch da ist, wiederhole diese Übung so lange es eben nötig ist. Relax und Release. Das ist in einer kurzen Zeit wie zwei Atemzügen möglich.

Notizen:

Tag 18: Lass die Hoffnung gehen

Weißt du, wann es gut ist, Hoffnung zu haben und wann du sie besser gehen lassen solltest? Hoffnung auf das, was vom Schicksal für dich vorgesehen ist, ist gute Hoffnung. Auch die Hoffnung auf eine bessere Welt ist es, denn sie ist ein Motor für uns. Sie weitet unser Energiefeld, öffnet es für all die Möglichkeiten da draußen, die das Gute mit sich bringen.

Doch manchmal haben wir Hoffnungen auf Dinge, die nicht für uns vorgesehen sind. Zum Beispiel darauf, dass ein geliebter Mensch wieder zu uns zurückkommen wird, nachdem er uns bewusst verlassen hat. Das soll nicht so sein, es ist nicht unsere Geschichte. Wir wünschen uns trotzdem das Gefühl zurück als dieser Mensch da war und in diesem Fall vergiftet uns die Hoffnung und löst ewig anhaltende Trauer aus. Die Energie dieser Trauer hängt dann an uns, umgibt uns, verschließt uns, hält uns in der zerstörerischen Schwingung gefangen.

Gehe einmal in dich. Gibt es etwas, auf das du schon lange hoffst, von dem du es eigentlich besser weißt? Diese Person oder diese Sache ist fort und das hat seine Richtigkeit so. Wenn noch ein Teil von dir daran hängt, lass es heute gehen.

Gibt es unerfüllte Träume und haben diese heute noch eine Berechtigung in deinem Leben? Willst du es wirklich oder denkst du nur aus Gewohnheit, dass du das willst? Auch unsere „Ich wünsche mir"-Liste benötigt hier und da ein Update!

Erstelle heute eine Liste mit unerfüllten Träumen, die vielleicht gehen dürfen. Du hast nicht versagt, wenn du die Hoffnung aufgibst, auch wenn es sich vielleicht zuerst so anfühlt.

Prüfe diese Liste, sind es wirklich deine Träume und deine Menschen – gehören sie noch auf deinen Lebensweg? Du kannst es auf einen Zettel schreiben und diesen nach ein paar wohlwollenden Gedanken verbrennen. Oder stell dich an einen Fluss, nimm einen Stein und sende ihm deine falschen Hoffnungsgedanken. Dann lass auch ihn treiben und wünsche ihm alles Gute. Ich habe einmal eine Wanderung unternommen und vorher meine Hoffnungen in jeweils einem Wort auf Steine geschrieben. Diese Steine habe ich dann mit auf einen spirituellen Berg genommen und dort auf den Haufen anderer Steine von anderen Pilgern gelegt. Das war ein schönes Ritual, die Last, die man mit sich herumschleppt, loszuwerden und darauf zu vertrauen, dass das Leben einem bringt, was für einen bestimmt ist.

Notizen:

Tag 19: Schalte dein Intuitions-Radio ein

Mit der Intuition ist es ähnlich wie mit einem Radio: Sie ist immer da, so wie der Radiosender immer Musik spielt. Wir müssen aber die Antenne aufstellen, den An-Schalter drücken und dann zuhören. Dann kommt die Musik beziehungsweise die Ideen und Inspiration auf direktem Wege zu uns.

Lass uns heute deine Intuition aufdrehen. Für diese Übung[44] brauchst du einen ruhigen Moment. Entspanne dich, atme ein paar Mal tief ein und aus und schließe deine Augen.

Stelle dir nun visuell vor, wie du in Gedanken dein imaginäres Intuitions-Radio einstellst. Schiebe oder drehe den Regler auf den Sender, auf dem deine Schutzengel oder Spirit Guides zu finden sind, also die Stimmen, die dir bisher immer zuverlässig gesagt haben, wohin der richtige Weg führt. Stell nun auch die Lautstärke ein, so wie es sich für dich gut anfühlt. Du kannst den Sender auch als Favorit hinzufügen, um ihn in Zukunft leichter zu finden. Das wars. Deine Intuition ist nun dauerhaft für dich an, ansonsten machst du heute keine andere Übung außer zuhören, was deine Intuition dir heute zuflüstert, während du durch deinen Tag gehst.

Falls du Probleme dabei hast und noch nichts hörst, guck doch mal, ob das Kabel wirklich steckt und die Lautsprecher verbunden sind. All das tust du imaginär vor deinem geistigen Auge. Lass dich auf das Spiel ein und vertraue immer deiner Intuition, denn sie ist dein direkter Draht zum Universum.

Notizen:

Tag 20: Bereit für Wunder

Heute möchte ich dir noch eine magische Übung mit auf den Weg geben, mit der du jederzeit, das Universum um Hilfe bitten kannst und in nur drei Minuten deine Wunder-Frequenz aktivieren kannst. Das perfekte Rezept für alle eiligen Situationen und den kleinen Energieschub zwischendurch.[45]

Beginne wieder in einer entspannten Haltung und mache ein paar tiefe Atemzüge. Wenn du nun ruhiger geworden bist, lege beide Hände auf dein Herz und sprich folgende Affirmationen zu deinem Herzen:

„Ich bin Liebe,
ich bin schön, so wie ich bin,
ich habe alle Kraft, die ich brauche
und ich bin ein Kind dieses Universums
und ich kann alles tun."

Spüre die Worte in deinem ganzen Körper. Strecke dann deine Arme nach oben, wie als wenn du etwas empfangen möchtest. Gerade aus hoch, als ob du den Himmel selbst berühren wolltest. Dann sag:

„Ich bin frei,
ich bin selbstwirksam,
ich habe es in der Hand,
ich bin bereit, Universum,
zeig mir deine Magie."

Was du da sagst, musst du nicht einmal von Anfang an glauben. Es genügt, wenn du es aussprichst. Jede Zelle in dir und jedes Wesen um dich herum hört dir zu und nimmt die Energie des Gesagten auf. So wird sie rausgeschickt in das gesamte Universum. Mit etwas Übung werden dir die Worte vertraut und leicht vorkommen. Du kannst auch gern eigene Worte hinzufügen und um das bitten, was du gerade brauchst. Nun schauen wir, was dir das Universum heute darauf antwortet. Gib Acht!

Notizen:

Tag 21: Erliebe dich

Selbstliebe ist deswegen so wertvoll, weil sie unseren Blick in sanfter, wohlwollender Weise auf uns selbst richtet. Wir fangen durch sie an, die Schattenseiten in uns zu akzeptieren. Damit startet unsere Transformation zu unserem wahren Ich. Also geben wir uns zum Abschluss eine große Portion Selbstliebe mit auf den Weg. Aber diesmal nicht unserem Geist, sondern unseren Körperzellen und Organen.[46]

Wir bestehen aus vielen Einzelteilen. Manche unserer Körperteile schätzen und mögen wir, weil sie zuverlässig funktionieren oder unserer Meinung nach gut aussehen. Andere haben vermeintliche Fehler. Gegen diese kämpfen wir oder wir verbergen sie. Das wiederum bewirkt eine Schwächung unseres Körpers – denn wie die Kristalle im Wasser oder die Pflanzen im Labor, reagieren auch unsere Zellen und das Wasser in unserem Körper auf freundliche oder hasserfüllte Worte und Gedanken. Bringen wir unserem Körper Hass entgegen, gehen wir langsam ein. Wenn wir den Zellen in unserem Körper hingegen Liebe schenken, blühen wir auf. Sogar unser Immunsystem wird dadurch stärker.

Selbstliebe kann erlernt werden. Sie funktioniert wie andere Affirmationen auch, nur dass sie tiefer an die zelluläre Basis geht. Schaue für diese Übung am Morgen in den Spiegel und sage zu dir selbst voller Überzeugung: *„Ich liebe dich.“*

Wenn Widerstand kommt, dann gebe auch diesem eine große Portion Liebe. Sage auch ihm: *„Ich liebe dich.“* Er kommt aus deinem Verstand und ist ein Mechanismus, der dich vor Enttäuschung beschützen will. Sende auch ihm Liebe. Du kannst seine Ängste und Unsicherheiten sogar durch dein Herz wegatmen.[47] Das funktioniert, indem du deine Konzentration beim Atmen auf dein Herz fokussierst. Lege dazu gern deine Hand über dein Herz. Atme langsamer. Stelle dir vor, wie dein Atem durch dein Herz flutet. Denke dabei an etwas, das dich mit reiner Freude erfüllt. So sendest du Liebe geradewegs durch dein Herz und der mit Liebe angereicherte Sauerstoff verteilt sich auf jede deiner Zellen. Nun sag dir erneut: *„Ich liebe dich.“*

Notizen:

****

Wie in all meinen Challenges geht es nicht darum, dass die Durchführung der Übungen perfekt ist. Jeder Schritt bringt dich weiter. Jede Wiederholung ist eine hilfreiche Übung. Schon ein kleines bisschen mehr Liebe am Tag und ein bisschen weniger Jammern werden einen riesengroßen Unterschied machen. Falls es mal nicht so läuft wie erhofft, brauchst du dich nicht selbst zu verurteilen. Kleine Schlenker sind normal, wir lernen noch auf unserem Weg. Deswegen sind wir ja hier. Wenn du mal gar nicht weiter weißt, dann frage bei deinen Spirit Guides um Hilfe. Sie sind immer für dich da.

Es kann sein, dass du dich nach manchen Übungen besonders emotional fühlst oder in den Tagen danach sogar schlechte Laune bekommst. Es ist, als wenn die Glücksgefühle den verdeckten Schlamm aufgewühlt und in Schwingung versetzt haben, damit er sich lösen und an die Oberfläche kommen darf. Wenn du bereits Erfahrung mit Energieheilung gemacht hast, ist dir vielleicht aufgefallen, dass im Nachhinein ganz oft Gedanken, Erinnerungen, Bilder und Gefühle hochkommen an Situationen, an die du schon ewig nicht mehr gedacht hast. Das sind alles Dinge, die in deinem Energiefeld transformiert und gelöst wurden mit der Energieheilung. Wenn du solche Dinge also bemerkst, kannst du daran erkennen, dass du Fortschritte machst.

Ich wünsche dir alles Liebe für deine Zukunft und segne dich mit Glück, Zufriedenheit, Gesundheit und einer gehörigen Portion Wunder im täglichen Leben.

Deine Sarah

Literaturverzeichnis

1. Sarah Hertz. 2020. *Das Universum liefert immer zweimal: Manifestieren mit Energie nach dem Gesetz der Anziehung.* Frank Havera LLC. Sheridan, Wyoming.
2. Paulo Coelho. 2008. *Der Alchimist.* Diogenes. Zürich.
3. Open. 2020. Transformation from 3D to 5D Earth. *https://thegoodbuddha.com/blogs/transformation-from-3d-to-5d-earth* (abgerufen am 06.11.2021).
4. Florence Scovel Shinn. 2016. *The Game of Life and how to Play it.* Hay House Ltd. London.
5. Diana Raab Ph.D. *Calming the Monkey Mind.* https://www.psychologytoday.com/us/blog/the-empowerment-diary/201709/calming-the-monkey-mind (abgerufen am 23.11.2021).
6. Dr. Joe Dispenza. *This Is Why Positive Thoughts Aren't Working!* https://www.youtube.com/watch?v=s5Pef_mKQ8s (abgerufen am 01.11.2021).
7. Stefanie Bruns. *Vorsicht vor diesen gefährlichen Frequency Downern!* https://www.facebook.com/watch/live/?ref=watch_permalink&v=579938973161433 (abgerufen am 19.11.2021)
8. Masaru Emoto. 2008. *Die Botschaft des Wassers: Sonderausgabe.* Koha-Verlag. Burgrain.

9. Dr. Joe Dispenza. 2017. *Werde übernatürlich: Wie gewöhnliche Menschen das Ungewöhnliche erreichen.* Koha-Verlag. Burgrain.
10. Michael Beckwith. *https://twitter.com/drmichaelbb/status/892453302612492289* (abgerufen am 29.01.2022).
11. Life is Amazing. *Dr. Joe Dispenza: This is why you are not happy.* https://lifeissoamazing.com/happiness/dr-joe-dispenza-this-is-why-you-are-not-happy/ (abgerufen am 01.11.2021).
12. Michael Beckwith. 2013. *Life Visioning: A Transformative Process for Activating Your Unique Gifts and Highest Potential.* Sounds True Inc. Boulder. Colorado.
13. Daniela Albat. *Optimisten werden älter: Positive Lebenseinstellung scheint Langlebigkeit zu fördern.* https://www.scinexx.de/news/medizin/optimisten-werden-aelter/ (abgerufen am 14.11.2021).
14. Corinna Hartmann. *So funktioniert der Placebo-Effekt.* https://www.quarks.de/gesellschaft/wissenschaft/so-funktioniert-der-placebo-effekt/ (abgerufen am 14.11.2021).
15. Ekke Scholz. *Was ist Schattenarbeit?: So verbergen wir, was wir lieben.* https://www.ekke-scholz.de/schattenarbeit/ (abgerufen am 14.11.2021).
16. Anna Theresa Lohninger. *Herzensgedanken über spirituelle Persönlichkeitsentwicklung.* https://www.annatheresa.com/schriftstellerin-spirituelle-persoenlichkeitsentwicklung/ (abgerufen am 19.01.2022).
17. in Anlehung an https://de.spiritualwiki.org/Hawkins/Skala
18. David R. Hawkins. 2014. *Die Ebenen des Bewusstseins: Von der Kraft die wir ausstrahlen.* VAK Verlags GmbH. Kirchzarten.
19. Alla Svirinskaya. 2019. *Own your Energy: Develop Immunity to Toxic Energy and Preserve Your Authentic Life Force.* Hay House UK Ltd. London.

20. Chemie.de. *Energieniveau.* https://www.chemie.de/lexikon/Energieniveau.html (abgerufen am 01.12.2021).
21. Max Planck Gesellschaft. *Quantenteilchen im Synchrontanz.* https://www.mpg.de/11296172/quantensysteme-synchronisation (abgerufen am 10.01.2022).
22. Christina von Dreien. 2020. *Am Ende wird alles gut: Wie wir uns die heile Welt selbst erschaffen.* Govinda-Verlag GbmH. Zürich.
23. Dr. Frank J. Kinslow. 2012. *Eufeeling: The Art of Creating Inner Peace and Outer Prosperity.* Hay House Inc.
24. Lynne McTaggart. 2007. *Das Nullpunkt-Feld: Auf der Suche nach der kosmischen Ur-Energie.* Goldmann. München.
25. Physik für alle. Energieerhaltungssatz. https://physik.cosmos-indirekt.de/Physik-Schule/Energieerhaltungssatz (abgerufen am 01.12.2021).
26. Julia Teschel. 2021. *Das kleine Überlebenshandbuch für hochsensible Frauen.* Zeuner Publishing. Heidesee.
27. Kyle Gray / Hay House. *Raise Your Vibration Challenge Day1.* https://www.youtube.com/watch?v=1bLlS6q3sic (abgerufen am 01.12.2021).
28. Michael Beckwith. *Wie man seine spirituelle Energie verlagert.* https://www.mindvalley.com/de/visioning/content/spiritual-shapeshifting? (abgerufen am 20.12.2021).
29. Stefanie Bruns. *Vorsicht vor diesen gefährlichen Frequency Downern!* https://www.facebook.com/watch/live/?v=579938973161433&ref=watch_permalink (abgerufen am 19.11.2021).
30. Judith Corvin-Blackburn. 2020. *Activating Your 5D Frequency: A Guidebook for the Journey Into Higher Dimensions.* Simon and Schuster. Rochester, Vermont.
31. Andreas Glock. *Der Sternewerfer.* http://www.andreasglock.de/sternewerfer/sternewerfer.html (abgerufen am 20.12.2021).

32. Phil Good. *Psychic Message For Someone Out There.* https://www.instagram.com/p/CUtpPSig4Uk/ (abgerufen am 08.10.2021).
33. Kristen Helmstetter. 2020. *Coffee Self-Talk: 5 minutes a day to start living your magical life.* Green Butterfly Press.
34. Vishen Lakhiani / Mindvalley. *Why You Should Forgive People Who Hurt You.* https://www.youtube.com/watch?v=a7fIaCA3Qr4 (abgerufen am 10.01.2022).
35. Stefanie Bruns. *Heilungssegen - Wie dich Segnen in die Heilung und Fülle bringt.* https://www.facebook.com/watch/live/?ref=watch_permalink&v=633012807559732 (abgerufen am 30.12.2021).
36. Caroline Shola Arewa. 2010. *Energy 4 Life: High Energy Conscious Living.* Ayni Books. Hampshire.
37. Vishen Lakhiani. *Day 2: Make 2022 the Best Year of Your Life.* https://www.youtube.com/watch?v=b5w6bpzw_bo (abgerufen am 19.01.2022).
38. Patricia Jungo. *"Danke" - Floskel oder Magnet für Wunder?* https://www.mittellaendische.ch/2021/07/09/danke-floskel-oder-magnet-f%C3%BCr-wunder/ (abgerufen am 19.01.2022).
39. Daniel Raphael, Onlinekurs. *Phase III: The Portal. Surf Your Inspiration.* https://www.dreamporting.com/ (abgerufen am 01.11.2021).
40. Jeannette Zeuner. 2019. *Hochsensibel durch den Alltag.* Zeuner Publishing. Heidesee.
41. Laurie Lo. *How to Overcome Anxiety and Change Your Relationship with The Worry Trick.* https://www.youtube.com/watch?v=KEu5EdlHDp0 (abgerufen am 30.12.2021).
42. Roy Martina. 2008. *Tiefseelentauchen: Emotionales Gleichgewicht finden.* Verlag "Die Silberschnur" GmbH. Güllesheim.

43. Michael Singer, Onlinekurs. *"Living from a place of surrender"*. https://www.soundstrue.com/store/living-from-a-place-of-surrender?sq=1#a_aid=5dfbb27a13fea&a_bid=7acfaed4 (abgerufen am 30.01.2022).
44. Richard Bartlett. 2010. *Die Physik der Wunder. Wie Sie auf das Energiefeld Ihres Potenzials zugreifen,* VAK. Kirchzarten bei Freiburg.
45. Aurora Ray. *How To Accelerate Your Ascension Process In Just 3 Minutes With This First StepHow To Accelerate Your Ascension Process In Just 3 Minutes With This First Step.* https://www.ascensionportal.co/six-part-free-video-series (abgerufen am 30.12.2021).
46. Ines Nandi. 2019. *Achterbahn in die Selbstliebe.* BoD, Norderstedt.
47. The Math of HeartMath. *Heart-Focused Breathing.* https://www.heartmath.org/articles-of-the-heart/the-math-of-heartmath/heart-focused-breathing/ (abgerufen am 30.01.2022).
48. Kyle Gray. 2016. *Raise Your Vibration: 111 Practices to Increase Your Spiritual Connection.* Hay House UK Ltd. London.
49. Jan Becker. 2020. *Du kannst Wunder vollbringen: Finde dein magisches Glück.* Piper Verlag GmbH. München.
50. Gabrielle Bernstein. 2018. *Judgement Detox: Release the Beliefs That Hold You Back from Living a Better Life.* Simon & Schuster Inc. New York.
51. Deepak Chopra, Menas Kafatos. 2020. *Du bist das Universum: Entdecke dein kosmisches Selbst.* Heyne Verlag, München.
52. Klaus Praschak. 2017. *Das Licht hinter dem Horizont.* BoD, Norderstedt.

Printed in Poland
by Amazon Fulfillment
Poland Sp. z o.o., Wrocław

42670715R00066